XAVIER KORCZAK-BRANICKI

LES NATIONALITÉS
SLAVES

LETTRES

Au Révérend P. GAGARIN (s.-j.)

LA SLAVIE PRIMITIVE.
LA RUSSIE NORMANDE ET TATARE. — LA POLOGNE DES PIAST.
KAZIMIR, ROI DES PAYSANS.
LA RÉFORME EN POLOGNE. — PAUL Ier.
ALEXANDRE Ier. — LES RÉCITS DU COMTE DE WITT.
LE TSAREVITCH CONSTANTIN.

LE NIHILISME

SECONDE ÉDITION
Revue et corrigée

PARIS
E. DENTU, LIBRAIRE-ÉDITEUR
Palais-Royal, Galerie d'Orléans, 15, 17 et 19

1879

TOUS DROITS RÉSERVÉS

LES NATIONALITÉS

SLAVES

OUVRAGES DU MÊME AUTEUR :

L'impôt sur le capital, libérateur de la contribution de guerre, in-8°. Paris, 1871.

Libération de la France par un impôt sur le capital, in-8°. Paris, 1871.

La politique du passé et la politique de l'avenir, esquisse d'une constitution, in-8°. Paris, 1876.

Kôl Kôre, par le rabbin E. Soloweyczyk, traduction polonaise, précédée d'une lettre à Mgr Czacki, in-8°. Paris, 1879.

XAVIER KORCZAK-BRANICKI

LES NATIONALITÉS
SLAVES

LETTRES

Au Révérend P. GAGARIN (s.-j.)

LA SLAVIE PRIMITIVE.
LA RUSSIE NORMANDE ET TATARE. — LA POLOGNE DES PIAST.
KAZIMIR, ROI DES PAYSANS.
LA RÉFORME EN POLOGNE. — PAUL Ier.
ALEXANDRE Ier. — LES RÉCITS DU COMTE DE WITT.
LE TSARÉVITCH CONSTANTIN.

LE NIHILISME

SECONDE ÉDITION
Revue et corrigée

PARIS

E. DENTU, LIBRAIRE-ÉDITEUR

Palais-Royal; Galerie d'Orléans, 15, 17 et 19

1879

TOUS DROITS RÉSERVÉS

LES
NATIONALITÉS SLAVES

LETTRE PRÉLIMINAIRE

En l'an de grâce 1839, Saint-Pétersbourg possédait une société de jeunes gens qu'on avait surnommés, à cause de leur nombre, les *Seize*. Leur camaraderie s'était formée, soit sur les bancs de l'Université, soit dans les bataillons de l'armée du Caucase. Chaque nuit, au sortir du théâtre ou du bal, ils se retrouvaient tantôt chez l'un, tantôt chez l'autre. Là, après un frugal souper, humant leurs cigares, ils se rapportaient les événements du jour, causaient de tout, discutaient sur tout, avec une parfaite liberté de langage : comme si la *Troisième section de la*

Chancellerie impériale n'existait pas, tant ils étaient sûrs de leur mutuelle discrétion.

Nous appartenions à la franche et joyeuse association des *Seize* : vous, mon révérend père, qui étiez alors secrétaire d'ambassade, et moi, qui portais l'uniforme de lieutenant des hussards de la garde impériale.

Combien peu de ces amis, alors si pleins de vie, si exubérants de jeunesse, restent aujourd'hui sur cette terre, où une longue et heureuse destinée semblait promise à tous !

Lermontof, exilé au Caucase pour avoir écrit d'admirables vers sur la mort de Pouschkine, succombait en 1841, dans un duel, comme le grand poète qu'il avait chanté.

Peu après, A. Dolgorouki mourait de la même façon. Une fin non moins tragique, sous les balles des montagnards du Daghestan, attendait Gervais et Frédricks. Plus à plaindre encore, Mongo Stolipine et le beau Serge Dolgorouki étaient tous deux enlevés prématurément par la maladie, ainsi qu'André Schouvalof devait l'être plus tard.

Des survivants, quelques-uns ont laissé

certaine trace dans la politique contemporaine. Mais un seul y figure encore en situation éclatante, Valouïef, qui fit partie du ministère sous lequel s'accomplit l'affranchissement des serfs, et dont on reparla dans ces derniers temps comme devant recueillir l'héritage du prince Gortchakoff.

Nos convictions à nous deux nous ont fait adopter une ligne de conduite bien différente de celle de nos camarades.

Vous, vous avez spontanément brisé une carrière diplomatique qui vous eût élevé au comble des honneurs, pour embrasser d'abord la foi catholique romaine et devenir ensuite membre de la Société de Jésus, car les caractères de votre trempe ne savent pas rester à moitié chemin. Rien ne vous a empêché d'obéir à la voix de votre conscience : ni le sacrifice d'un grand héritage, ni l'expatriation à perpétuité, ni même le reproche d'apostasie que vous jetaient à la face la plupart de vos compatriotes.

Les Russes ne comprennent guère qu'on puisse rester Russe en s'attachant à une croyance autre que celle de Photius. Le préjugé est tellement répandu que de nobles esprits comme Hertzen ne pouvaient s'y soustraire (1) et que les slavophiles de Moscou, Aksakof en tête, proclamaient hautement, dans leur récente croisade contre le monde musulman, l'identité absolue du panslavisme et de l'orthodoxie. Étrange axiome qui subordonne à une église exclusive une nationalité composée des éléments les plus divers au point de vue religieux, comme le prouve la multiplicité des sectes qui fleurissent au milieu de la grande Russie !

Vos réprobateurs, ajoutant au reproche d'apostasie des calomnies absurdes, allèrent jusqu'à vous accuser d'être dirigé dans votre conversion au catholicisme non par les lumières de votre jugement, mais par je ne sais quelle ambition ou par un amour-propre froissé !... Parmi vos proches, il y en eût même qui vous repoussèrent comme une

---

(1) Hertzen, à la fois panthéiste et panslaviste, disait qu'un Slave non orthodoxe le choquait comme une anomalie et lui faisait l'effet d'un bœuf sans cornes.

brebis galeuse. Avec un rare courage, vous avez su persévérer dans une résolution généreusement prise et exécutée.

Quant à moi, Polonais, j'éprouvai de bonne heure une haine profonde contre l'empereur Nicolas, dont la rage s'acharnait, implacable, sur les lambeaux sanglants de mon pays. Néanmoins, comme natif de Varsovie, j'étais astreint au service militaire, et j'avais d'ailleurs, pour le métier des armes, un goût décidé. Tout alla bien jusqu'au moment où, mon père étant mort, l'autocrate jugea à propos de me nommer son aide-de-camp.

Cette faveur, je ne l'appris que longtemps après par le général V. Krasinski, était accompagnée d'une arrière-pensée qui peint au vif le souverain peut-être le plus tyrannique de notre siècle.

« — Je viens, » dit-il au feld-maréchal Paskéwitch, « d'attacher à ma personne Xavier Branicki. Qu'en penses-tu ? »

Là-dessus, le prince de Varsovie, toujours d'une rare bonté à mon égard, se mit à faire mon éloge, disant qu'il trouvait en moi l'étoffe d'un excellent officier de guerre.

« — Je vois, » interrompit avec impatience le fils de Paul, « que tu connais mal ton aide-de-camp de quatre ans. Bon ou mauvais officier, il est animé du plus détestable esprit. C'est la jeune France greffée sur la vieille Pologne. Maintenant, je l'aurai sous la main. S'il se rend coupable de la moindre peccadille, son affaire sera faite aussitôt. Je l'enverrai dans quelque région perdue où les corbeaux même ne parviendront pas à découvrir sa carcasse ! »

Quoique ignorant alors les intentions du moins clément des rejetons des Holstein-Gottorp, l'idée de me trouver en contact perpétuel avec lui me révoltait. Au Caucase, où il faisait de rares apparitions, je pouvais guerroyer contre les bandes de Schamyl avec un entrain qu'expliquait mon amour de l'art militaire. Mais rester au palais rivé aux ordres impériaux de Sa Majesté de toutes les Russies, cela dépassait la mesure de ma patience.

Je revenais d'une campagne sur le Kouban,

quand me parvint la double nouvelle de la mort de mon père et de ma nomination inattendue. Une fièvre horrible m'exténuait fort à propos ; elle me servit à motiver la demande d'un congé, afin d'aller rétablir ma santé à Greifenberg, où, sous les auspices du paysan Prisnitz, l'hydrothérapie, si répandue aujourd'hui, promettait dès sa naissance d'opérer la plus bienfaisante révolution dans la thérapeuthique.

Au bout de huit mois de cure, j'étais entré en convalescence. Retourné sur le sol natal, j'accomplis un acte qui équivalait à se brûler la cervelle sous le régime de terreur où nous vivions alors, Russes et Polonais. Certain de ne pas tarder à être considéré comme un rebelle, je sollicitai ma démission du service et, l'ayant obtenue, je demandai au général gouverneur des provinces méridionales un passeport pour l'Italie. Le proconsul Bibikof, à la grande surprise de tous, me l'accorda sans hésiter, en ajoutant ces paroles d'adieu :

« Tâchez de vous rétablir lentement... et gardez présente à votre esprit la fable du roi, de l'âne et du meunier... Si vous avez besoin d'une prolongation, vous n'avez qu'à m'écrire. »

Ce Bibikof, qui semait l'épouvante parmi ses administrés, m'avait pris, à cause même de l'indépendance de mes allures, en véritable affection ; j'en eus plus tard la preuve réitérée. Je constate ce fait sans l'expliquer autrement que par les étranges contradictions inhérentes à la nature humaine, surtout au sein d'une civilisation imparfaite, telle que celle de la Russie.

Les massacres de Galicie venaient de passer sur la Pologne, augmentant mon horreur pour ses oppresseurs, me faisant désespérer de ma patrie. Le réveil de l'Italie commençait cependant à se manifester. On sentait dans toute l'Europe occidentale les signes avant-coureurs de grands événements politiques. L'air était chargé d'électricité et bientôt, comme un orage bienfaisant, la révolution de Février éclatait sur le monde. N'était-ce pas une ère nouvelle qui s'ouvrait pour les peuples ?

J'étouffais auparavant et je songeais à

m'expatrier en Amérique. Désormais, me dis-je en apprenant à Rome le mouvement de Paris, on pourra respirer dans l'Europe occidentale...

Ma détermination de me soustraire au joug du gouvernement russe ne faisait que se consolider, quand m'arriva la communication suivante de l'ambassadeur de Russie en France :

« Sa Majesté l'Empereur, ayant appris
« que le comte Branicki cultive certaines
« connaissances dans les pays étrangers, lui
« ordonne de retourner sur-le-champ en
« Russie. »

Par ménagement pour ma famille, je donnai à ma réponse immédiate une tournure polie quoique ferme :

« Ma santé, disais-je en substance dans ma lettre à M. de Kissélef, est loin d'être remise complétement. Usant du droit gracieusement octroyé à tous les sujets du royaume de Pologne par le Congrès de Vienne, je sollicite, par l'entremise de Votre Excellence, un passe-port d'émigration. »

Ma démarche, toute légale qu'elle était,

irrita vivement l'autocrate. Il me fit mettre en jugement comme si je m'étais rendu coupable d'un crime. Le Conseil de l'Empire, saisi de l'affaire, fut d'avis de me condamner au bannissement, de me déclarer civilement mort et de faire passer ma fortune à mes héritiers naturels. C'était, une fois l'accusation admise, se conformer au Code autocratique. Mais le Justinien de toutes les Russies trouva trop anodine la loi édictée par lui-même. Cédant à sa manie assez fréquente de se mettre au-dessus de son Code et d'aggraver les peines, il me condamna, de son propre chef, par un ukase spécial dicté au Sénat, à la privation de mon titre, de ma noblesse, de mon grade militaire et de mes décorations. A quoi il ajouta encore les travaux forcés à perpétuité dans les mines de la Sibérie et la confiscation, au profit de la Couronne, de tous mes biens meubles et immeubles, s'élevant à une valeur d'environ quinze millions de francs. La confiscation était totale, à ce point qu'elle embrassait jusqu'à l'usufruit de ma mère.

Comme ce jugement par contumace ne

pouvait atteindre ma personne et me privait seulement de mes propriétés saisissables, en me laissant de quoi vivre avec un capital mis prudemment à l'écart, j'en ressentis plus de joie que de chagrin. L'idée d'être à jamais débarrassé d'une servitude insupportable compensait amplement à mes yeux la perte d'une richesse matérielle, perte énorme, sans doute, mais qui ne me mettait pas à la charge des membres de ma famille.

Depuis mon enfance, j'étais Français par le cœur; la perspective de le devenir bientôt en réalité m'ouvrait, dans une nouvelle patrie, de larges et radieux horizons.

J'espérais voir surgir de la révolution de Février une prompte transformation politique de l'Europe. Mais l'histoire ne marche pas avec la rapidité que voudraient lui imprimer les jeunes générations, amoureuses de la justice absolue. Le progrès a sans cesse des retours en arrière, des flux et des reflux, dont cependant il reste toujours un peu de terrain gagné pour l'humanité en marche.

Des faits très-importants se sont accomplis durant les trente dernières années. A quelques-uns j'ai participé, au moins indirectement, en tâchant de m'inspirer sans cesse de l'intérêt général des peuples et des hommes. Comme tous ceux qui vivent beaucoup de la vie collective de l'humanité, j'ai éprouvé dans mon existence de tristes et cruelles déceptions... Pourtant je n'ai jamais songé à regretter, ne fût-ce qu'un instant, d'avoir agi comme je l'ai fait : d'après ma conscience.

Certes, vous devez éprouver, mon révérend père, une satisfaction intérieure supérieure à la mienne. Car vous vous êtes laissé guider par le sentiment le plus élevé ici-bas : celui d'une sincère conviction religieuse. Vous vous êtes imposé des sacrifices que je n'ai pas eu à subir, et ces sacrifices ont été méconnus ou mal interprétés. Malgré cela, loin de vous repentir, vous vous félicitez sans doute d'avoir suivi jusqu'au bout votre voie.

Arrivés aujourd'hui au soir de notre carrière terrestre, nous pouvons nous dire, l'un et l'autre : « Si nous avions à recommencer le voyage de la vie, nous reprendrions encore chacun la même route!...»

La France est ma patrie depuis 1854, année où j'obtins mes lettres de grande naturalisation. Je lui étais acquis longtemps auparavant, et je lui reste toujours dévoué, quelle que soit sa fortune, bonne ou mauvaise.

Mon cœur tressaillait d'aise quand, à la suite de la campagne de Crimée et de la guerre d'Italie, elle reprenait la suprématie qui lui revient de droit parmi les nations. Je fus vivement affligé de la fausse voie où la fit entrer l'expédition du Mexique, source fatale de tous les désastres de 1870 et 1871. Et quand mon pays d'adoption fut au comble de l'infortune, mon attachement pour lui s'accrut encore, si c'est possible. Au milieu de ma douleur poignante, je me disais :

« La France, si grandes qu'aient été ses erreurs, a trop mérité de l'humanité pour ne pas ressaisir son influence légitime sur le monde; influence plus civilisatrice et plus bienfaisante que celle de n'importe quelle nation! »

Citoyen français avant tout et en toute circonstance, je n'ai cependant jamais cessé de porter le plus vif intérêt à ma Pologne natale, et mes sympathies sont acquises aux progrès de tous les peuples de race slave, ayant avec la Pologne une solidarité dans le passé, le présent et l'avenir.

Vous ne vous étonnerez donc pas, révérend père, qu'au milieu de la guerre que vient de clore pour quelque temps le Congrès de Berlin, — cette guerre à laquelle s'applique le mot de Talleyrand : C'est plus qu'un crime, c'est une faute ! — ma pensée se soit fixée d'une manière spéciale sur la Russie...

Parmi les publications où l'on cherche un remède aux maux de ce vaste empire, l'une des vôtres, parue en 1856, est encore pleine d'actualité. *La Russie sera-t-elle catholique?* — peut-on se demander, comme il y a vingt ans et plus.

J'ai relu votre dissertation à ce sujet avec l'attention qui est due à tout ce qui sort de votre savante et élégante plume. Votre œuvre m'a suggéré une foule d'idées. Je me permettrai d'en soumettre quelques-unes à votre examen bienveillant.

Mais, avant d'entamer notre conversation publique, souffrez que je déclare avec franchise que je suis tout à fait incompétent sur les dogmes qui séparent l'Église d'Orient de l'Église d'Occident.

Unitaire chrétien très-tolérant, il ne m'appartient pas d'entrer, sur ces matières abstraites, en discussion avec un théologien catholique. Et puis, ne vaut-il pas mieux chercher, en anciens camarades, le terrain commun où l'on puisse s'entendre, que d'accentuer les divergences qui nous séparent ?

La causerie que je vous adresse n'aura donc rien de métaphysique. Parlant à cœur ouvert, je me bornerai à tirer de l'histoire rétrospective et de la politique contemporaine quelques déductions propres à soulever, autant que faire se peut, le voile de la destinée des nationalités slaves.

Quoique nous habitions tous les deux la métropole intellectuelle de l'Occident, rarement nous avons l'occasion de nous voir, et il faudrait trop d'entretiens réitérés pour développer de vive voix ce qui fait le sujet de ces pages. Mettre mes pensées par écrit m'a semblé un moyen de les présenter avec plus de suite et de ne pas empiéter, en même temps, sur vos graves occupations.

Je vous demande, en me lisant, d'avoir pour un des *Seize* l'indulgence à laquelle vous l'aviez habitué il y a près de quarante ans, quand tous deux, jeunes et superbes, nous tranchions les questions qui nous préoccupaient alors et qui nous préoccupent toujours. Seulement, aujourd'hui les années accumulées sur nos têtes ont mûri un jugement qui n'est plus exposé à prendre pour des réalités les rêves d'une imagination exubérante

LA
SLAVIE PRIMITIVE

> *Sur les 280 millions d'habitants de l'Europe, on compte 86 millions de Slaves. Plus nombreuse que la race germanique, un peu moins que la race latine, la race slave occupe un espace plus étendu que les deux races réunies.*

I

Distribution géographique des Slaves.

Il est impossible d'aborder la question religieuse en Russie, si on laisse de côté la question de l'existence de la Pologne. Ces questions sont inséparables dans le présent comme dans le passé.

L'un des deux pays semble annihilé par l'autre, mais l'influence de l'un sur l'autre ne cesse de se faire sentir, avec plus de force encore aujourd'hui qu'à l'époque où ils vivaient séparés et indépendants.

Feuilles détachées du grand arbre slave, nous sommes, vous, mon révérend père, et moi, dégagés de tout patriotisme exclusif.

Vous condamnez les Russes qui n'aspirent qu'à l'agrandissement matériel de leur pays, et moi, je ne partage pas le mysticisme de certains Polonais, qui voient dans leur nationalité une justice tellement immaculée qu'ils l'ont divinisée.

N'en déplaise à mon beau-frère, le poète Krasinski, la perfection n'est pas plus l'apanage des peuples que des individus. Les Polonais, dans l'histoire, ont bien des fautes à se reprocher. Cela n'excuse cependant, en aucune façon, le régime odieux sous lequel ils furent et sont écrasés, surtout par le gouvernement russe.

Celui-ci ne porte malheureusement pas seul la responsabilité de ses actes ; car, depuis 1862, la nation russe, à Saint-Pétersbourg comme à Moscou, par l'organe de la presse, a soutenu les mesures acerbes du gouvernement, et même a poussé à la compression impitoyable.

Comment se sont formés ces deux peuples, dont l'aîné en civilisation a été asservi par le cadet, quoique jusqu'au XVIe siècle tout semblât présager un sort contraire?

Telle est la première question à poser entre nous, pour éclairer les autres et chercher la solution au problème considérable, non du slavisme seul, mais aussi de l'Europe et de l'Asie de demain.

La fraternité originelle de la race slave avec la race germanique et la race gréco-latine paraît établie. Elles appartiennent toutes les trois à cette famille des Aryas qui, à diverses époques, sont partis des hauts plateaux de l'Asie centrale, pour peupler, les uns la péninsule de l'Inde, les autres les diverses régions de l'Europe.

A la première des migrations aryennes, qui serait antérieure à l'époque d'Abraham, auraient, croit-on, participé les tribus slaves, qu'on retrouverait parmi les Scythes d'Hérodote. L'étymologie — science qui, par parenthèse, a perdu, de nos jours, beaucoup de son prestige — fait dériver ce nom de Scythe ou de Skit (à peu près comme le prononçait le Grec) d'un idiôme congénère du russe ou du polonais, en lui donnant la signification de « nomade ». D'où le verbe *skitat* ou *skitatz*, qui résonne comme un mot slave et veut dire *nomader*.

Dans les limites actuelles de l'empire de Russie, Hérodote distingue les Scythes d'autres peuples, dont les uns, de même que les Scythes, étaient de race aryenne, les autres de race dite touranienne. De ce nombre étaient les *Savromates* ou *Sarmates*, qu'une curieuse légende fait naître du commerce des Scythes avec les Amazones, et qui sont peut-être les ancêtres indirects, non des Polonais, comme on l'a prétendu, mais des Cosaques et des Petits-Russiens. Dans les *Jyrx*, on a voulu reconnaître les Turcs ; dans les Messagètes, les Bachkires, dans les Androphages, les Samoïèdes (dont le nom russe signifie Anthropophages), et, dans les Hyperboréens, les habitants, probablement alors finnois, de la Russie septentrionale.

L'Illyrie, la Dacie, la Thrace et la Macédoine étaient originairement habitées par des tribus slaves, que les Hellènes subjuguèrent et civilisèrent.

Ainsi la dynastie, qui produisit Philippe et Alexandre le Grand, aurait été différente de la nation à laquelle elle se serait imposée. Sur la colonne Trajane, on voit des prisonniers de la Thrace ayant les traits et les costumes des paysans actuels de la Russie Blanche.

Dans la Dacie — et, sous ce nom, l'on peut comprendre, non-seulement la Roumanie de nos jours ou Moldo-Valachie, mais encore la Bukovine et la Transylvanie, — Trajan distribua des terres aux légions romaines et forma ainsi, à l'orient de l'Europe, une nationalité nouvelle, qui, par sa langue, appartient au monde latin, mais dont le type physique indique une parenté évidente avec la race slave.

Quant à l'Illyrie — cette contrée qui renferme aujourd'hui la Carniole, l'Istrie, Goritz, Gradiska et Trieste et qui autrefois s'étendait sur l'Adriatique jusqu'aux confins de l'Épire et de l'Albanie — malgré toutes les dénominations étrangères par lesquelles elle a passé, elle a été et reste encore éminemment slave par sa langue, ses mœurs et ses usages.

La prétention des Italiens à s'emparer de Trieste, parce que la bourgeoisie de cette ville parle l'italien de Venise, n'est nullement légitimée par l'ethnographie. Qu'on sorte des portes de Trieste, pour aller à Capodistria et à Pola, et l'on ne se fera pas comprendre des paysans en leur parlant italien, mais ils vous répondront, si vous leur jetez des mots russes ou polonais, car leur dialecte est à peu près celui des Serbes.

L'ancienne population des lagunes de Venise n'était-elle pas elle-même slave? Tout porte à croire à l'identité des Vénètes avec les Vends, qui s'étaient infiltrés dans toute la Germanie, de la Baltique jusqu'à la future cité des doges.

Leur rôle reste obscur dans l'histoire, mais la géographie, en sa nomenclature, fournit de nombreuses traces de leur existence prolifique. La Poméranie, la ville de Venden, en Livonie, où résidaient les grands-maîtres de l'Ordre teutonique, indiquent assez, avec Venise, combien devaient être répandus ces Vends, réduits actuellement à 130,000 individus à peine. Cette poignée de descendants d'une race immense conserve encore, aux bords de la Sprée, en Prusse et en Saxe, un vieux langage, qu'on désigne sous le nom de sorabe ou serbe de la Lusace; ce langage comprend même deux dialectes distincts : le vend du nord et le vend du midi. Le vend diffère du polabe, autre dialecte slave, qui se parlait au bord de l'Elbe.

Si le nom de slavophiles, que se donnent les agitateurs de Moscou, n'était pas un mensonge, au lieu de négliger, comme ils le font, les origines de la Slavie, ils en recueilleraient avec amour les vieux débris près de disparaître. Mais ils n'en ont aucun souci, ils voudraient plutôt en compléter la destruction, au profit d'une unification monstrueuse, qui procède par l'asservissement, soit en littérature, soit en politique. Aussi n'est-ce pas par les Aksakof et compagnie, mais par les Tchékes studieux de la Bohême, que nous savons quelque chose du développement intellectuel des Vends : il se réduit à des chansons, des contes et un livre de prières catholiques, imprimé en 1512.

La Hongrie, quand elle s'appelait Pannonie, — du temps des Romains, — était habitée par des Slaves, comme l'indique assez son nom. Mais trois invasions successives amenèrent l'établissement d'une race toute différente, laquelle, rapportent les anciens chroniqueurs, avait de petits yeux bridés, le visage osseux, le nez plat, les oreilles énormes.

La première de ces invasions remonte à Attila, qui, tout fier de l'épouvante qu'il inspirait avec ses hordes, aimait à s'entendre appeler le *Fléau de Dieu*. Il ne fit que passer comme le démon de la dévastation. Mais, au septième siècle, d'autres Huns, d'autres Avares, d'autres Khazares, d'autres Petchénègues, tribus finno-turques, débouchèrent de l'Altaï et des rives du Volga, franchirent les Karpathes et vinrent s'établir en Transylvanie, où elles trouvèrent, superposés aux descendants des légions romaines de Trajan, les débris de l'armée d'Attila, appelés les *Sicules*, qui sont aujourd'hui les Szeklers.

Au neuvième siècle, une nouvelle invasion se produisit sous la conduite d'Arpad. Ce héros légendaire traînait à sa suite, — dit-on, — un million d'hommes, les uns dans d'immenses chariots semblables à des maisons ambulantes, les autres sur de petits chevaux comme ceux des Cosaques. Cette émigration, composée de sept tribus auparavant indépendantes, reconnut l'autorité suprême d'Arpad, son chef militaire. De lui date l'histoire de la Hongrie et le nom de *Magyarie* ou *Magyarorzag*, que prit, sous les conquérants, la contrée aux immenses plaines qu'arrosent le Danube et la Theiss.

Les Slaves pannoniens, qui survécurent aux misères de l'oppression par une caste guerrière, sont ces *Slovaques* qui ont eu l'honneur de donner à l'Europe de 1848 Kossuth et à la littérature de la Bohême le poète Kollar.

Après un siècle de razzias en Allemagne et en Italie, les Hongrois ou Magyars furent initiés, vers l'an 1000, à la civilisation occidentale et convertis à la religion catholique par leur roi Étienne, qui devait être canonisé après sa mort, et reçut, en attendant, du pape Sylvestre II, une couronne à laquelle reste encore attachée, comme à un palladium, l'idée de la liberté nationale.

Comprenant combien il importe, dans les grandes crises, de respecter les superstitions populaires, Kossuth, obligé de fuir, en 1849, devant les troupes russes venues au secours de l'empereur d'Autriche aux abois, emporta précieusement cette couronne et la fit enterrer auprès d'Orsowa. Après de persévérantes recherches, le gouvernement de Vienne finit par la retrouver en 1863.

Combien de temps encore, peut-on se demander, la couronne de saint Étienne aura-t-elle la vertu de maintenir le dualisme de la monarchie austro-hongroise, à l'ombre de laquelle les Magyars, au nombre de cinq millions à peine, gardent sous leur domination les populations slaves qui les entourent de tous côtés?

Cette situation anormale et artificielle ne saurait se prolonger qu'un petit nombre d'années, jusqu'au moment très-prochain où les Allemands des Habsbourgs iront se fondre dans l'unité germanique.

Pendant que la Pannonie se préparait à devenir la Hongrie, les Tchékes s'emparèrent de la Bohême, occupée avant eux par les Celtes Boïens, qui auraient légué leur nom au pays et auraient été expulsés ensuite par les Germains Marcomans. Sur ces deux peuples disparus, les détails sont vagues et confus. L'épithète de Boïens ou Boii, accolée aux Celtes, si on remonte à la racine *boi*, combat, guerre — d'où elle dérive sans doute — leur aura été donnée par les Slaves. Elle signifierait guerrier, et Bohemia voudrait dire pays des guerriers.

Dans l'obscurité des premiers temps, surgissent en Bohême deux figures marquantes: Samo et Lubusa.

D'après Frédégaire, auteur d'une chronique française du septième siècle, Samo était originaire de France, ce qui ne l'empêcha pas d'entrer en lutte avec le roi Dagobert. Ses succès militaires sur les Saxons et les Avares valurent à cet étranger une grande influence parmi les Tchékes, qu'il disciplina. Mais sa dictature fut suivie d'une anarchie, jusqu'à l'apparition de Lubusa, femme d'une sagesse profonde et grande justicière, comme le prouve un monument littéraire, retrouvé par Hanka, et intitulé le *Jugement de Lubusa*. — Ce monument, d'une authenticité incontestable, remonte à l'époque même de l'héroïne, au septième siècle.

Lubusa, comme nous l'apprend ce poème curieux, exerçait une sorte d'autorité souveraine, dont elle avait hérité de son père, Krak ou Krakus. Mais un jour, devant le peuple assemblé pour juger le procès des deux frères Crondoch et Straglaw, elle reçut cette invective sanglante de l'aîné des frères insoumis :

« Malheur à la couvée où le serpent a
« pénétré ! Malheur aux hommes que gou-
« verne une femme ! C'est à l'homme de
« commander à l'homme ? »

Lubusa se lève du trône d'or de son père et dit :

« Kmets, Lekhs et Vladyks, vous entendez
« comme on m'outrage ! Jugez vous-mêmes,
« suivant la loi. Désormais je ne jugerai plus
« vos querelles. Choisissez un homme qui

« vous gouverne avec un sceptre de fer ! La
« main d'une vierge est trop faible pour vous
« gouverner ! »

A la suite de cette altercation, se conformant sans doute au vœu populaire, Lubusa épousa Przemysl, un simple paysan. Sa dynastie a régné sur la Bohême jusqu'en 1316. De ce paysan, auquel la maison d'Autriche se rattache par les femmes, proviennent les droits souverains des Habsbourg sur les Tchékes.

Au neuvième siècle, existait, au sud de la Bohême, une autre nation slave : la Grande-Moravie. D'après quelques historiens, elle se serait étendue des Carpathes aux Alpes et sur la mer Adriatique. Mais l'on n'en connaît pas au juste les limites du côté de l'Orient; on sait qu'elle resplendit d'un éclat éphémère sous le règne de Sviatopluk, qui demanda à l'empereur de Byzance, Michel III, des instructeurs dans la foi chrétienne.

Cyrille et Méthode arrivèrent en Moravie avec les livres saints et une liturgie traduits en langue bulgare. Ces deux frères apôtres étaient les contemporains de Phothius; mais ils n'avaient pas adhéré au schisme, qui remonte à l'an 863. Ce qui le prouverait, c'est qu'ils furent canonisés par Rome, quoique la conversion de Sviatopluk et de ses sujets ne date que de 873.

Cyrille est l'inventeur de l'alphabet qui, avec quelques modifications, est resté en usage chez les Russes, les Serbes et les Bulgares. Les Tchékes et les Moraves l'abandonnèrent; cédant à l'influence occidentale, ils quittèrent bientôt le rit slave pour le rit latin.

A peine convertie, la Moravie fut envahie par les Magyars et succomba sous leurs armes. Réduite à la province connue sous ce nom aujourd'hui, elle se rattacha à la Bohême, dont elle a suivi les destinées et dont elle partage les aspirations anti-allemandes.

Le duc de Bohême, Borzivoï, reçut le baptême des mains de Méthode. Mais, après sa mort, la veuve de son fils, Dragomira, voulut faire revivre le paganisme; il fut définitivement aboli par le fils de cette régente, Venceslas, que l'Eglise a mis au rang des saints (927-936).

Les Bulgares furent les premiers, parmi les peuples slaves, à embrasser la foi du Christ. Ils la reçurent de Méthode, avant les Tchékes, vers l'an 856. Leur roi Bogoris ou Boris avait fait venir à sa cour le frère de Cyrille, qui était peintre, pour orner avec le pinceau une salle de réception. L'apôtre imagina de représenter le jugement dernier. En contemplant la fresque, Bogoris, épouvanté, voulut en avoir l'explication. L'éloquence de l'apôtre acheva la fascination qu'avait produite la palette de l'artiste.

En Pologne, le christianisme apparaît un siècle plus tard, sous Mieczyslas. Mais il ne s'établit réellement que sous son fils, Boleslas Ier, grâce aux efforts persévérants du tchéke Adalbert, qui cueillit ensuite les palmes du martyr, en Prusse, chez une tribu lithuanienne. Ce saint prédicateur fut assommé sur l'ordre du krywe-kryweito, le pontife païen. Mais, avant de quitter les Polonais, il leur avait laissé, comme adieu, le cantique de *Boga-Rodzico* (la Sainte Vierge). Cet hymne de piété devint le chant de guerre de la nation, et, sous une forme rajeunie par le poète Slowacki, il anima les combattants à la bataille de Grochow, en 1831.

Les Polonais, lorsqu'ils menaient encore une vie presque nomade dans leurs vastes plaines — d'où leur viendrait leur nom, dérivé du mot *pole* (plaine) — reçurent, dit-on, l'inoculation des vertus guerrières d'une peuplade du Caucase : les Lesghiens ou Lazes, qui habitent encore auprès de Batoum et qui protestaient naguère contre la clause du traité de Berlin, par laquelle ils ont été livrés à la Russie. Des Lesghiens proviendrait la dénomination de Lech ou Lach — synonyme de Polonais. De même les Tchèkes se seraient appelés ainsi d'une autre tribu caucasienne, les Tchetchènes.

Ces étymologies sont — il n'est pas besoin de le dire — très-discutables; mais ce qu'il est permis d'admettre avec beaucoup de probabilité, c'est que des montagnards du Caucase ont poussé leurs incursions ou leurs migrations jusqu'à la Vistule et la Moldau. Les traces de leur langue auraient disparu parce que, guerriers venus sans femmes, ils auraient épousé les filles de la Bohême et de la Pologne.

Or, la langue de la mère se transmet toujours à l'enfant, et celle du père, quand il est seul à la parler, s'éteint au bout d'une courte durée. Ainsi, les Scandinaves adoptèrent bien vite le français en Normandie, et les Normands, devenus Français, ne tardèrent pas à parler exclusivement le saxon dans l'Angleterre par eux conquise.

M. Szaynocha *(Lechicki Poczatek Polski)* donne une autre origine à la dénomination de Lach. Il la fait provenir du scandinave, où *lag,* qu'on prononçait comme le polonais *lach,* signifiait compagnie ou compagnon.

Ainsi se seraient appelés les envahisseurs du territoire polonais, contemporains d'autres Scandinaves, qui, antérieurement à Rurik, auraient soumis à leur domination la Bohême et la Russie. De là, une légende, qui donne pour pères, aux trois pays, les trois frères : Lech, Tchek et Russ.

Son hypothèse, l'ingénieux érudit l'appuie sur le caractère romanesque des vieilles traditions polonaises. Il constate, à tort ou à raison, l'esprit scandinave dans Krakus, dans Wanda, dans les douze voïvodes, dans les Leszek et dans cet affreux Popiel, que dévorèrent les rats, pour venger les hommes sur lesquels s'était appesantie sa tyrannie. Il va jusqu'à contester à Piast son origine slave, en cherchant, d'une manière qui nous semble forcée, à faire dériver ce nom populaire d'un mot scandinave.

C'est pousser — il faut l'avouer — trop loin l'amour de l'étymologie, science si fertile en illusions.

Au début de son ouvrage, M. Szaynocha déclare qu'aucune nation ne commence son histoire par une énigme comme celle des Lachs. Cette énigme reste la même pour nous, après avoir lu M. Szaynocha. Son explication du mot szlachta, qui tirerait son origine du scandinave slagt — race, famille — pour être nouvelle, ne vaut pas la version plus accréditée qui fait venir szlachta de l'allemand slacht — combat — et indique ainsi une caste guerrière, caractère de toute noblesse en général et de celle de la Pologne en particulier. Si nous voulions nous égarer dans l'étymologie, à l'exemple de M. Szaynocha, nous dirions que szlachta est la corruption de Kchatria, dénomination de la caste guerrière chez les anciens Indous.

Passons aux origines russes.

Nestor, moine de Kiew au douzième siècle, nous donne une énumération détaillée des peuples slaves dont l'absorption successive a constitué l'empire des Tsars.

Les Russes primitifs habitaient le bassin de l'Ilmen, lac qui, par la rivière Volkow, décharge ses eaux dans le Ladoga. Leurs villes, Novgorod, Pskov, Isborsk, apparaissent de très-bonne heure dans l'histoire. Les Krivitches vivaient aux sources de la Duna et du Dniéper, autour de leur ville de Smolensk; les Polotchanes, avec Polock, sur la haute Duna; les Drégovitches sur le haut Dniéper; les Drevlianes, ainsi appelés à cause des forêts qui couvraient leur région, sur le Pripetz; les Sévérianes dans la province actuelle de Tchernigow ; les Polanes, en face de ces derniers, sur la rive droite du Dniéper ; les *Croates* Blancs, au milieu des Karpathes ; les Tivertses et les Loutitches, sur le Pruth ; les Doulèbes et les Boujanes, sur le Boug.

Autour de ces Slaves s'étendaient des nations nullement slaves : les Lettes, les Finnois et les Turcs ou Tatars.

Les Lettes ou Lithuaniens, quoique de race aryenne, se distinguent par une langue qui est plus rapprochée du sanscrit qu'aucune autre. A leur famille appartenaient les Jmoudes, les Borases ou Prussiens, les Korses, qui donnèrent leur nom à la Kourlande, les Sémigales et les Letgoles, dont descendent les Lettons ou Latiches.

Les Finnois comprennent les Lives, les Tchoudes, les Souomis, les Karéliens, les Ingriens, etc., qui habitent encore l'Esthonie, la Livonie et la Finlande. Les Vesses, les Mouromiens et les Mériens sur l'Oka, la Moskva et le Volga — établis au centre de la Sainte-Russie et complétement absorbés par elle — accusent chez les Russes moscovites, qui se vantent de la pureté de leur slavisme, une origine en partie finnoise.

Leur prétention d'être slavissimes entre les Slaves est démentie par l'ethnographie, comme le prouve M. Duchinski, qui attribue cette qualité — si c'en est une — aux Blancs et aux Petits Russes.

Les Grands Russes se sont de plus accrus aux dépens des Tchouvaches, des Mordvas et des Kirghiz et ont fondé Moscou et Saint-Pétersbourg en pays tchoude. Ils seraient donc semi-Touraniens par le sang.

On se rappelle la fureur qui s'empara des panslavistes des deux capitales de l'empire, quand cette assertion se produisit. Mais, à l'érudition de M. Duchinski, les russificateurs universels ne surent opposer que des injures et le regret de ne pouvoir réduire au silence le savant, qui leur enlevait leur prétendu droit de se proclamer les grands-prêtres nés du panslavisme.

Les peuples finnois, tels que les Tchérémisses, les Tchouvaches, les Votiaks, etc. se trouvent à l'état sporadique, là où ils étaient jadis en masses compactes. On les rencontre sur le littoral du nord et dans les provinces de Kazan, de Nijni-Novgorod, de Viatka, d'Oufa, ainsi que dans le bassin central du Volga.

Sur cet espace énorme, où leur groupe aujourd'hui compte à peine 1,200,000 individus, ils constituent les restes fragmentaires de la Russie préhistorique, qu'ils occupaient probablement sans interruption avant la venue des Slaves. Si on y ajoute le contingent finnois de la province de Saint-Pétersbourg, de l'Esthonie et de la Finlande, on arrivera au chiffre de 4 millions d'hommes, qui, subjugués dès l'état sauvage, ne se sont élevés à aucune aspiration vers l'autonomie politique et se relient mal entre eux par des dialectes, très-distincts quoique provenant d'une source commune, d'où, comme on sait, découle également le magyar.

Les Finnois idolâtres, luthériens ou convertis à l'orthodoxie grecque n'éveillent aucune crainte chez le gouvernement central. La *Troisième section de la Chancellerie impériale*, qui étend le réseau de son inquisition sur toute la Russie et ses annexes, les laisse parfaitement tranquilles. Se perdant peu à peu dans la race dominante, ils sont destinés à disparaître sans que leur souvenir reste attaché ni à une amélioration ni à un progrès quelconque. Les Souomis seuls ont signalé une aptitude littéraire par une espèce d'épopée mythologique, intitulée « le Kalavala, » mais cette manifestation intellectuelle est demeurée isolée.

Des peuples de race mogole, tatare ou turque, au temps de Nestor, les uns vagabondaient dans les steppes, comme le font aujourd'hui les Baschkires, les Kirghiz et les Kalmouks; les autres étaient fixés au sol. A ces derniers appartenaient les Avares, qui attelaient les prisonnières slaves à la charrue, après les avoir outragées; les Khazares, dont la puissance un moment redoutable, s'étendait du Volga au Don; les Petchénègues, célèbres par leur guerre contre les princes Varègues, et qu'on rencontre au nombre des guerriers d'Arpad; les Polovtsi, qui gênèrent également les commencements de l'État russe; enfin les Bulgares.

Ces derniers, cause ou prétexte de la dernière guerre terminée par leur affranchissement du joug ottoman, sont de sang turc. Ils avaient fondé, au confluent de la Kama et du Volga, parmi les tribus finnoises, une ville commerçante, dont les ruines portent encore le nom de Volgari ou Bolgary. Quand ils émigrèrent au delà du Danube, ils vinrent se fixer dans le territoire qui s'étend jusqu'aux Balkans et plus loin, avec un littoral sur la mer Noire; ils se superposèrent à des peuples slaves, dont ils adoptèrent la langue, qui leur doit peut-être la particularité de l'article à la fin des mots, ce qui se retrouve également dans l'albanais et le roumain.

La distribution géographique des tribus ou des peuplades d'origine slave embrassant une étendue de terrain énorme, on comprend tout de suite que, de ce chaos, devait surgir, non pas une nation, mais plusieurs nations.

L'agglomération se constitua en Bohême et en Pologne avec une facilité relative, grâce à l'unité de race et de dialecte. Mais, en Russie, cette fusion, au moyen d'un travail intérieur en quelque sorte naturel était rendue impossible par les diversités ethnologiques des éléments qui s'agitaient les uns à travers les autres.

Novgorod, avec un territoire de peu d'étendue, était parvenue à s'organiser en petite république. A son exemple, d'autres « Gorodichtché », ou embryons de cités, tendaient à former des villes autonomes. Mais ce mouvement, loin d'accélérer la naissance d'un État d'une vaste circonférence, menaçait d'en détruire jusqu'au germe. L'esprit séparatiste, de plus en plus accentué et se généralisant, aurait pu, avec le progrès des lumières, aboutir à une fédération plus ou moins compacte. Mais, certes, jamais ne serait sorti d'un grand mouvement des communes russes l'empire des tsars de toutes les Russies.

Les premiers éléments de la puissance colossale que devaient acquérir les autocrates de la Néva furent apportés du dehors par les flibustiers de Scandinavie. Ces pirates audacieux eurent la spécialité extraordinaire, dans l'Europe du moyen-âge, de faire de l'ordre avec le désordre.

Les Slaves et les Finnois de l'Ilmen, épuisés par leurs querelles intestines et menacés par les Khazares, se décidèrent à appeler eux-mêmes les Varègues, auxquels ils payaient un tribut depuis plusieurs années. Ils leur firent porter ces paroles :

« Notre pays est grand, et tout y est en « abondance, mais l'ordre et la justice y « manquent. Venez en prendre possession « et nous gouverner. » — Étrange invitation, qui est peut-être unique dans les annales du monde.

Rurik, avec sa droujine, ou bande guerrière, se rendit à l'appel, qu'il avait sans doute habilement provoqué. De lui date l'histoire, proprement dite, de la Russie Varègue, comme celle de la Bohême commence à Przemysl et celle de la Pologne à Piast.

II

État social des anciens peuples slaves.

Les Slaves apparurent en Europe quinze siècles avant l'ère chrétienne. De leurs deux invasions, l'une pénétra jusqu'aux frontières de l'Italie, l'autre se répandit de la Finlande jusqu'en Grèce. La première fut absorbée en partie par la civilisation hellénique, la seconde s'arrêta devant la civilisation romaine.

Si les Slaves ont eu une langue commune dans leur berceau asiatique, cette langue mère, aujourd'hui éteinte, a enfanté les dialectes de deux groupes qu'on peut appeler l'un le groupe occidental et l'autre le groupe oriental. A celui-là appartiennent le vend, le tchèque, le slovaque et le polonais ; à celui-ci le bulgare, le croato-serbe, le slovène et le russe.

Quant au ruthène ou petit-russien, c'est une langue intermédiaire entre le polonais et le russe. Née dans l'ancienne Kiovie, elle était probablement usitée à la cour de Vladimir. Les Kozaks l'ont adoptée, et, de nos jours, un poète d'un vrai talent, Schevtchenko, l'a élevée au rang des dialectes slaves les plus littéraires. Tout porte à croire qu'elle a un brillant avenir, car elle est parlée par quinze millions d'hommes au moins, tant en Russie qu'en Autriche (1).

Le polonais, avec le tchèque et le slovaque, domine sur une population de vingt millions de Slaves, tandis que le serbe, le bulgare et le slovène, peuvent en réclamer seize à dix-sept

---

(1) D'après M. Dragomanof (*la Littérature oukraïnienne proscrite par le gouvernement russe*, Genève, 1878), la population oukraïnienne s'élève, en Russie, à 14 millions et demi ; en Autriche-Hongrie, à 3 millions (dont 2,312,000 en Galicie, 200,000 en Bükovine et 520,000 en Hongrie), ce qui ferait un total de 17 millions 800 mille. Nous croyons qu'il y a quelque exagération dans ce dénombrement.

millions. Pour le russe, on arrivera à trente millions et probablement davantage, car il gagne du terrain sur les populations finnoises et tatares et le tsarisme use des moyens les plus violents afin de l'imposer à la Pologne et à la Lithuanie.

Le groupe occidental, en y ajoutant le croato-serbe, a de bonne heure accepté l'écriture latine. Le groupe oriental garde l'alphabet cyrillique, modifié de diverses façons par les Russes, les Serbes et en partie par les Petits-Russiens.

L'adoption des caractères latins avec la foi catholique romaine mit les Slaves occidentaux dans le courant de la civilisation européenne et les rendit aptes à produire un Jean Huss, le glorieux précurseur de la Réforme, et Kopernik, le fondateur du véritable système planétaire.

Quand Hégel s'est permis de dire : « Les Slaves ne comptent pas dans le développement intellectuel de l'humanité ! » ou bien sa mémoire oubliait l'existence de la Bohême et de la Pologne, ou bien son orgueil germanique absorbait, comme Allemands, les deux plus nobles rejetons de la race slave. Légèreté ou mauvaise foi qui ne fait nullement honneur au philosophe qui détrôna un moment Kant, Schelling et Fichte dans la haute vénération de ses compatriotes.

L'arrêt de Hégel serait plus difficile à récuser s'il ne s'était appliqué qu'aux Slaves orientaux. Ni la Bulgarie ni la Serbie, ni même la Russie n'ont contribué jusqu'à présent au progrès général de l'humanité.

En conservant l'écriture que leur donnèrent Cyrille et Méthode et en recevant, avec le rit grec, le schisme de Byzance, ils se cramponnèrent à la décadence du bas-empire et se fermèrent aux lumières qui, dans la chrétienté, n'arrivaient plus de l'Orient, mais de l'Occident.

Sans cette distinction fondamentale entre les nationalités slaves, au point de vue de la linguistique et de la religion, on ne saurait s'expliquer pourquoi les unes ont été si supérieures aux autres dans le développement intellectuel.

Déjà, au seizième siècle, la Pologne et la Bohême possédaient de brillantes littératures, tandis que la Russie, de deux siècles en arrière, ne devait commencer à se former une prose et une poésie que sous le règne de Catherine II. Et encore, cette prose et cette poésie n'ont-elles trouvé leurs véritables moules que de nos jours, avec Karamzine, mort en 1826, et avec Pouschkine, tué en 1837.

Dans la race slave, il y a maintenant assez d'étoffe pour tailler cinq Etats indépendants :

1° La Bohême avec la Moravie ;
2° La Pologne ;
3° La Ruthénie ;
4° La Russie ;
5° La Serbie avec la Croatie, la Carniole, l'Istrie, la Dalmatie, l'Herzégovine, la Bosnie, la Tchorna-Gora, toutes unifiées par la même langue, et la Bulgarie, qui s'en distingue seulement par la singularité de son article à la fin des mots.

La Bohême et la Pologne sont certainement destinées à reconquérir leur autonomie complète, et la Ruthénie à se placer entre cette dernière et la Russie comme un trait d'union.

La Serbie tend à devenir une Yougo-Slavie d'une dizaine de millions d'habitants, aspiration qui menace de faire crouler l'Autriche-Hongrie, d'arrêter l'ambition conquérante du cabinet de Saint-Pétersbourg, et peut-être de mettre un terme à l'existence de la Turquie d'Europe — ce qui, pour le moment, ne convient pas à l'Angleterre.

On voit combien d'intérêts hostiles sont coalisés contre la pensée attribuée à M. Ristitch de faire de son pays le Piémont d'une espèce d'Italie slave. Mais ne devient pas un Cavour qui veut, du jour au lendemain. Pour réussir, comme a réussi le grand ministre de Victor-Emmanuel, il ne suffit pas d'avoir du génie et de la persévérance, il faut encore hériter d'un long travail préparatoire et être favorisé par un concours d'heureuses circonstances.

Une pentarchie basée sur le respect mutuel des frontières librement établies : voilà ce qui nous semble devoir dissiper un jour les idées confuses du panslavisme tchèke et les aberrations égoïstes des slavophiles moscovites, en conciliant tous les droits et en établissant l'harmonie là où règne encore la discorde.

Trop longtemps les Slaves ont vécu dans des querelles intestines qui les ont rendus complices des Allemands pour l'asservissement de leurs propres frères.

Ainsi ont disparu les Vends, supplantés par les Prussiens teutoniques; ainsi la Bohême a dû se courber sous le joug des Habsbourg; ainsi la Pologne a été démembrée par Catherine II, de connivence avec Frédéric et Marie-Thérèse.

Réunis sous un nom ethnographique commun, les Slaves ou *Sloviani*, comme ils s'appelaient, du mot *slovo*, parole, n'ont jamais eu jusqu'à présent ce sentiment de solidarité qui les auraient amenés à se constituer en une fédération, comme ils se trouvaient et se trouvent encore incapables de former un État homogène et centralisé dans l'espace immense sur lequel ils se sont éparpillés.

Ils vécurent longtemps en peuplades indépendantes, qui se faisaient la guerre les unes aux autres. S'ils se coalisèrent quelquefois, ce fut seulement pour se défendre contre des hordes étrangères, finnoises, tatares ou germaniques, qu'ils flétrissaient du nom de *Nemtzi*, « les muets », expression qui ne désigne plus aujourd'hui que les Allemands.

Le plus ancien portrait que nous ayons des Slaves nous vient de Procope, historien du sixième siècle, qui vivait sous Justinien :

« Les Slaves et les Antes n'obéissent à
« aucun roi : de temps immémorial, leur
« gouvernement est démocratique. Ils délibèrent en commun sur leurs intérêts. Ces
« deux peuples, du reste, ont des lois qui
« règlent les rapports entre les citoyens.

« Le seul dieu qu'ils reconnaissent est
« celui qui dispose de la foudre ; ils lui
« sacrifient des bœufs et des animaux de

« toute espèce. Ils ont une idée confuse du
« destin et ne lui attribuent qu'un pouvoir
« borné sur les hommes. Mais la mort les
« menace-t-elle, soit dans une maladie, soit
« sur un champ de bataille, ils promettent
« un sacrifice à leur dieu s'il sauve leurs
« jours. S'ils échappent au danger, ils
« accomplissent religieusement leur vœu,
« persuadés que c'est à lui qu'ils sont
« redevables de la vie. Ils ont aussi voué un
« culte aux fleuves, aux nymphes et à quel-
« ques êtres surnaturels ; ils leur offrent des
« sacrifices durant lesquels ils consultent
« l'avenir.

« Ils sont nomades et s'abritent dans de
« misérables huttes isolées les unes des
« autres.

« La plus grande partie d'entre eux com-
« bat à pied ; ils portent de petits boucliers
« et des javelots. On ne voit pas chez eux
« de cuirasses. Il en est qui n'ont aucune
« espèce de vêtements et qui ne se couvrent
« que les jambes pour marcher à l'ennemi.

« Les deux peuples parlent la même
« langue, une langue barbare. Ils ont la

« même taille et sont généralement grands
« et robustes. Leur peau est brune ; leurs
« cheveux ne sont ni blonds ni noirs, mais
« tirant sur le roux. Leur nourriture est
« grossière et mal assaisonnée, comme celle
« des Messagètes, à qui ils ressemblent,
« quant à la malpropreté.

« Ils ne sont ni méchants ni vindicatifs ; ils
« ont de la bonne foi, qualité qu'ils tiennent
« des Huns.

« Jadis les Slaves et les Antes étaient com-
« pris sous le nom commun de Spores, sans
« doute parce qu'ils vivaient dispersés dans
« des huttes. C'est pour cela qu'ils occupent
« de si vastes contrées (1). »

On voit, d'après cette peinture, que les Slaves, quoique mal logés, mal nourris et mal vêtus, avaient déjà atteint un certain degré de civilisation. Ils avaient des gouvernements réglés par des lois et une religion où le théisme tendait à se dégager du polythéisme. Car Procope, en disant que le dieu

---

(1) Procope. Livre II. Chapitre XIV.

de la foudre était le seul dieu que reconnussent les Slaves, montre que ce dieu prédominait sur les autres, tous plus ou moins secondaires.

Péroun est évidemment le Perkoun des Lithuaniens et le Perendi des Albanais ou anciens Illyriens. Il a tous les attributs d'Indra, dieu de l'éther et du ciel dans l'Inde védique. C'est de là qu'il provient sans doute, comme Zeus ou Jupiter. Cependant il ne figure pas en tête de la mythologie tchéko-polonaise, où le dieu du tonnerre s'appelle Iess et semble avoir moins d'importance que la déesse de la vie, Dziewanna, et le dieu de la guerre, Liada.

Chez les Vends, c'est Sviatovit et Herta qui prédominent. Un temple leur était consacré dans l'île de Rugen, où leurs idoles vénérées furent brisées par Waldemar, roi de Danemark, dans le douzième siècle de l'ère chrétienne. L'île de Rugen fut le dernier refuge du polythéisme des Slaves.

Ce polythéisme se présente sous des formes aimables, principalement en Kiovie. Là, il y avait Koupalo, la déesse des fruits comme

Pomone; Volo, protecteur des troupeaux et inspirateur des poètes, à la fois Pan et Apollon; Lélo et Polélo (également connus des Polonais), le désir et l'amour mutuel; Pogoda, le génie du beau temps couronné de fleurs bleues, et son amante Simzerla qui, semblable à Vénus, répandait autour d'elle un délicieux parfum et portait une ceinture de roses.

Puis viennent les *Roussalki*, nymphes à la chevelure verdâtre, qui habitaient les fleuves, et les *Domovié Douschki*, lutins ou esprits familiers des maisons.

A côté de ces divinités, on n'en voit figurer aucune réellement malfaisante. Znitch, ou le Destructeur, malgré son nom redoutable, symbolise le feu vital. Les Leschies, espèce de satyres, effraient les passants, en diminuant ou en augmentant leur stature à leur gré : voilà toute leur malice. Polkan est un centaure qui n'a de monstrueux que son apparence. Baba-Yaga, le serpent de la montagne, paraît bien être une divinité méchante, mais elle est reléguée à un rang trop subalterne pour faire songer à Ahriman ou à Satan.

La lutte du bien et du mal était cependant figurée chez les Vends et les Sorabes des bords de la Baltique, sous le nom de Bielibog, le dieu blanc, et de Tchernobog, le dieu noir. Mais, ni dans l'ancienne Ruthénie, ni dans l'ancienne Pologne, ni dans l'ancienne Russie, on ne retrouve vestige de ce culte mazdaïque ou manichéen.

Les Slaves admettaient-ils les récompenses et les châtiments dans une vie future? Nous n'avons là-dessus aucune donnée certaine. Le dogme de la survivance de l'âme, s'il existait, était si vague qu'en vain nous en avons cherché la trace.

Chez les Slaves, à l'exception des Vends, il n'y avait ni temples ni prêtres. On dressait les idoles sur les collines; on rendait hommage à des arbres sacrés; les chefs du peuple accomplissaient les sacrifices.

Vladimir, qui fut le Salomon des Russes varègues, avant d'en être le Clovis, avait érigé, non dans un sanctuaire, mais sur une falaise qui domine le Dniéper près de Kiew, un Péroun avec une tête d'argent et une barbe d'or. Devenu chrétien, il fit, en sa présence, renverser la statue du dieu, et, après l'avoir fouettée, ordonna de la précipiter dans le fleuve. Il suffit de ce plongeon pour que tous les Kioviens se précipitassent dans les ondes et reçussent le baptême.

La mythologie des Slaves, dans son ensemble, accuse la même origine que la mythologie des Grecs. Toutes les deux ont eu une source commune : cette imagination féconde des Aryas portés à personnifier par des allégories ingénieuses les forces de la nature.
Seulement, les divinités de la Kiovie n'ont pas été l'objet du long et charmant travail poétique qui a idéalisé les divinités de l'Hellade. Elles semblent à peine ébauchées; nul grand artiste comme Homère n'est venu les animer du souffle de son génie. Leurs formes sont vagues, indécises, vaporeuses. Il leur manque ce réalisme que les Scandinaves ont su donner, avec tant d'énergie, à leur Walhala. Quant à la profondeur philosophique des mythes, elle fait entièrement défaut chez les Slaves, qui arrivèrent cepen-

dant en Europe probablement avec le même degré de culture intellectuelle que leurs voisins de la Suède et de la Norwége.

« Avant leur séparation, » dit M. Duruy, réfutant les Allemands, qui voudraient faire passer les Aryas-Slaves pour des sauvages, « les tribus des Aryas avaient déjà domestiqué le bœuf et le cheval qu'elles savaient soumettre au joug, le mouton, la chèvre, le porc et l'oie; elles commençaient à cultiver la terre, à travailler certains métaux, et quelques-unes se construisaient des demeures fixes. Le mariage était chez elles un acte sérieux, la famille le fondement de l'ordre public. »

Le principe patriarcal régissait la famille. Le père en était le chef absolu. Après sa mort le pouvoir passait au plus âgé des membres qui la composaient, ou, selon quelques historiens, à un chef élu. Le respect de l'âge, de nos jours même, reste une vertu qui distingue avantageusement les nations de souche slave au milieu de l'Europe civilisée.

Quant à la femme, si elle n'était pas vénérée et sanctifiée comme chez les Germains, elle jouissait au moins d'une haute considération, comme on le voit par les légendes de Libusa, de Wanda et de Libed, sœur de Kii, le fondateur présumé de Kiew, et par l'histoire authentique d'Olga, veuve d'Igor, devenant régente au nom de son fils Sviatoslaf, et osant, après un voyage à Byzance, revenir convertie au christianisme au milieu d'une population toute polythéiste.

De ce que le mariage s'accomplissait par rapt ou par achat, il ne faut pas conclure — comme l'a fait Karamzine — à la dégradation du sexe faible vis-à-vis du sexe fort. Le rapt était une pure comédie convenue d'avance entre les intéressés, comme chez les Circassiens de nos jours, et il avait une signification probablement symbolique. L'achat était en partie une dot que la fiancée recevait de son futur époux, et en partie une compensation allouée aux parents qui perdaient l'appui de leur fille.

Les fouilles pratiquées dans les *Kourganes*

nous montrent les squelettes de femmes ornés de bijoux et de parures. Cela prouve que les Slaves entouraient de luxe leurs compagnes quand leurs moyens le leur permettaient; ils ne ressemblaient pas aux sauvages de l'Amérique du Nord qui se donnent la vaniteuse jouissance de s'orner de toutes les façons et laissent à peine à leurs *squaws*, pour la toilette, quelque couverture usée.

La polygamie existait, mais, à cause de la pauvreté générale, elle devait être exceptionnelle. Elle s'étendit avec le développement de la richesse dans la classe guerrière, et surtout quand les chefs, d'électifs, devinrent héréditaires. Ainsi on vit Vladimir, avant de se régénérer par le baptême, entretenir jusqu'à huit cents concubines, dans trois localités différentes. L'exemple n'avait sans doute pas eu de précédent et ne trouva plus d'imitateurs en ces régions slaves, d'où le polythéisme, avec ses mœurs parfois dissolues, disparut au dizième siècle, et ne trouva de refuge que chez les Vends poméraniens et les Lithuaniens.

La commune ou *mir* (1) n'était que la famille agrandie. Elle reconnaissait l'autorité des anciens ou des aînés, qui formaient un conseil ou *vetché*. Les terres d'un village appartenaient collectivement à tous les membres de la bourgade. L'individu avait seulement la jouissance de la récolte qui lui était adjugée et possédait une habitation avec un *dvor* ou enclos. C'était un degré inférieur de propriété, une sorte de communisme patriarcal. Il fut bientôt abandonné par les Tchèkes et les Polonais, mais il persiste encore dans la Grande-Russie.

Hertzen et Bakounine se sont épris de ce système primitif, sans songer que c'était tendre, en le prônant, à perpétuer dans leur pays une enfance par laquelle tous les peuples d'Europe ont sans doute passé, mais dont ils sont heureusement sortis dès l'époque de leur transition de l'état nomade à l'état sédentaire.

La liberté personnelle n'existait pas dans le *mir*. Le cultivateur n'était pas le proprié-

---

(1) Gromada en polonais et en petit-russien.

taire du sol qu'il cultivait, et lui-même se trouvait, par des règlements minutieux, rivé à ce sol, qu'il n'était pas maître de quitter à volonté.

On comprend avec quelle facilité le servage se greffa sur la commune ainsi organisée et combien le despotisme gouvernemental et seigneurial, quand il s'établit, prit à cœur de maintenir un ordre de choses où l'initiative individuelle était complétement étouffée.

Quelques communes formaient parfois un groupe qu'on appelait *volost* ou canton, également administré par un conseil d'anciens. Là s'arrêtait le mouvement d'agglomération. Novgorod ne fut pas autre chose qu'une ville superposée à plusieurs villages — un *volost*.

Il n'y eut, pendant de longs siècles, aucune disposition parmi les Slaves à se constituer véritablement en corps de nation. L'union de salut public pour la défense du sol finit par former ici une Moravie, là une Bohême, plus loin une Pologne. Mais les autres peuplades juxtaposées, très-difficiles à confédérer même devant un danger commun immédiat, se divisaient de nouveau à l'infini aussitôt l'invasion repoussée. Jamais la Russie ne serait née, répétons-le, si les Normands varègues n'étaient venus apporter leur esprit gouvernemental au milieu d'un éparpillement anarchique.

Ainsi le pays le plus despotique de l'Europe a été enfanté par une démocratie incapable de trouver la base d'un « self government. »

L'école socialiste russe, née de la révolution de 1848, dont elle a embrassé les idées les plus hasardées, a pris au sérieux toutes les élucubrations de Proudhon. Elle ne vise, d'une manière consciente ou inconsciente, qu'au rétablissement des communes microscopiques, c'est-à-dire à la résurrection de l'état politique et social qui existait antérieurement à Rurik. C'est à cela que Lavrof et d'autres travaillent avec une ardeur, une conviction, un dévouement dignes d'une meilleure cause.

S'ils réussissaient — ce qui n'est pas

impossible — dans leur travail de démolition absolue, qu'en résulterait-il ? Un chaos révolutionnaire, suivi d'une réaction épouvantable dans un sens autocratique.

De la fange de la société bouleversée sortirait un ou plusieurs Ivan Grozny, qui, dictateurs sans merci, referaient par le fer et par le feu ce que Bakounine appelait avec horreur « l'État » en lui opposant, à l'exemple de Proudhon, « l'an-archie. » Alors les masses reconnaissantes se prosterneraient devant les despotes issus de la révolution et le culte du tsarisme se rallumerait, avec d'autres autocrates, plus ardent que jamais, dans le cœur du paysan moscovite.

Les Gorodichtché ou villes embryonaires abondaient parmi les Slaves. On en rencontre fréquemment des vestiges, indiqués par des enceintes de terre, sur lesquelles s'élevaient des palissades en bois. A côté se trouvaient presque toujours des tertres funéraires ou kourganes.

Les fouilles qu'on a faites dans diverses localités russes révèlent une civilisation plus avancée que celle qui ressort des pages de Nestor, trop porté, en sa qualité de moine, à peindre sous de sombres couleurs l'état social antérieur au christianisme. Des poteries, des glaives en fer, des objets d'or et d'argent, des perles fausses, des monnaies orientales, sont autant de témoignages d'une certaine industrie et d'un certain commerce.

On prétend que les Slaves ont été les maîtres des Allemands en agriculture, et on en donne pour preuve le mot *pflug*, charrue, qui viendrait de *plug*.

Il est certain qu'en Russie, et encore plus en Pologne et en Bohême, la culture de la terre avait pour leurs habitants un attrait tout particulier et que le métier de laboureur n'imprimait aucune dégradation.

Przemysl et Piast, fondateurs de dynasties royales, furent arrachés à la charrue pour être revêtus du pouvoir souverain, l'un chez les Tchèkes, l'autre chez les Polonais. Sviantovit, qu'adoraient les Vends, était à la fois le dieu de la récolte et le dieu de la guerre.

C'est à lui et à Herta, déesse de la terre, qu'était consacré le célèbre sanctuaire de l'île de Rugen.

Dans le régime démocratique, constaté par Procope, à l'âge seul s'attachait une distinction aristocratique. Piast, quand il fut appelé au trône, avait cent ans, nous dit la légende. Avec la royauté se constitua, chez les Polonais, une caste militaire, et, du privilège de porter les armes, — auparavant droit et devoir de tous, — naquit la *schlachta* ou la noblesse. Cette noblesse fut apportée aux Russes par les condottieri Varègues ou Normands.

Le mot *boïar* (improprement écrit boyard) vient de *boï*, combat, guerre.

Pendant qu'une minorité combattait, le reste du peuple labourait. Ceux qui s'exemptaient des travaux des champs se croyaient supérieurs à ceux qui y restaient astreints, et ils le devinrent en effet, en acquérant par la guerre des richesses, des honneurs et une instruction moins bornée. La classe dirigeante, toujours armée, soumit de plus en plus à son contrôle la classe paisible des ouvriers agricoles, qui tombèrent peu à peu dans une abjection semblable à celle des fellahs d'Égypte, furent dépouillés de tous droits politiques en Pologne et devinrent *glebæ adscripti* en Russie (sous le règne de Feodor Ivanovitch, inspiré par Boris Godounof, son ministre et son successeur).

Les deux pays ont chèrement payé cette iniquité.

Le partage de la patrie des Piast s'accomplit parce que les paysans n'avaient aucun intérêt à défendre une indépendance et une liberté dont ils étaient frustrés. Une autocratie dure et arbitraire s'appesantit sur la Russie, parce que les paysans vivaient toujours dans l'espoir (enfin réalisé sous Alexandre II) que le tsar les affranchirait un jour de leurs seigneurs; il leur importait peu que leurs oppresseurs fussent, en attendant, opprimés. Au contraire, cela les vengeait en quelque sorte de leur honte et de leur misère.

La commune slave, assise sur une égalité parfaite, n'admettait ni une classe nobiliaire ni une classe asservie. La fraternité absolue régnait au sein des gorodichtché et a laissé des vestiges chez les Serbes et chez les Russes, où, sans parenté aucune, le titre de frère (brat) est prodigué même de nos jours entre les interlocuteurs.

Mais si les Slaves, à l'époque païenne, ne songèrent jamais à se réduire mutuellement en servitude, ni à fonder le servage au moyen de prisonniers de race finnoise ou touranienne, il n'en est pas moins vrai que, de leur nom ethnographique de *Slaves*, les Romains firent *Sclavi* (sicut slavi), esclaves, nom donné à tous les captifs vendus sur les marchés de l'Italie. Ce trafic a pris, sous le règne des Césars, une grande extension, sans qu'on puisse déterminer la nationalité des intermédiaires. Plus tard, les Allemands et les Scandinaves en firent une branche importante de leur commerce avec les autres nations plus policées.

M. Szaynocha cite un curieux passage

tiré d'un voyageur arabe du dixième siècle qui nous montre que la traite des Slaves arrachés à leur sol ressemblait, par un cruel raffinement, à celle des nègres de notre époque vendus en Turquie.

« Le pays des Slaves, dit-il, est si grand
« qu'à l'Orient il fournit des esclaves au
« Korassan, à l'Occident, à l'Andalousie.
« Les Andalous vont les acheter en Galice,
« en France, en Lombardie, en Calabre,
« afin d'en faire des eunuques et de les trans-
« porter ensuite en Égypte et en Afrique.
« Tous les eunuques slaves qui existent
« dans le monde proviennent de l'Anda-
« lousie (1). »

Je ne m'étendrai pas davantage, mon révérend père, sur les langues, les croyances et l'état social de nos ancêtres. Ce que j'en ai dit suffit à démontrer que l'unité rêvée par les slavophiles dans l'avenir n'a pas existé dans le passé.

---

(1) Lechicki poczatek Polski, p. 146.

Je crois pouvoir tirer de mes recherches les trois conclusions suivantes :

1° La langue mère de la race slave est introuvable.

Lequel des deux courants issus de cette source unique a mieux gardé sa pureté primitive ? Est-ce le courant Tchéko-Polonais ? Est-ce le courant Serbo-Russe ? — Je pose la question sans la résoudre.

2° Le polythéisme des Slaves n'était pas identique.

La mythologie de Kiew diffère de celle de Gnezne et en Poméranie, chez les Vends, elle s'écarte tout à fait de l'une et de l'autre.

3° La diversité devait être très-grande dans les mœurs, les coutumes et les lois de tant de peuplades dispersées sur un territoire immense.

Combien de siècles n'a-t-il pas fallu pour établir des centres de rapprochement et d'agglomération ! Les Slaves habitaient depuis 2400 ans l'Europe, lorsqu'ils son-

gèrent à sortir du séparatisme des gorodichtché pour constituer : d'abord une
Moravie (bientôt dissoute), puis une Bohême,
ensuite une Pologne, et enfin une Russie,
dont le pénible enfantement est dû à une
impulsion étrangère.

LA
RUSSIE NAISSANTE

« Земля наша велика и обильна,
« но порядка въ ней нѣтъ; приходите
« княжить и владѣть нами. »

*(Invitation des Novgorodiens
aux chefs varègues.)*

La Ruthénie normande.

Les Scandinaves ou Normands prêtent à l'histoire du moyen âge la saveur de l'épopée. Intrépides guerriers, marins aventureux, ils ressemblent souvent aux héros de l'Odyssée et des Lusiades. Leurs merveilleuses entreprises, si heureusement accomplies, transportent dans le domaine de la fiction. Ni Homére, ni Camoëns n'eussent mieux inventé que ce qu'ils ont accompli.

« L'ouragan nous porte, disaient-ils, où nous voulons aller! » Ils arrachent à la France carlovingienne une fertile province, et ils s'en servent comme de point de départ à la conquête de l'Angleterre deux fois, sous

Kanut et sous Guillaume le Bâtard. Ils s'établissent en Sicile. Ils découvrent l'Islande, le Groënland, le Labrador. Race à la fois romanesque et pratique, ils ont légué à toute la race anglo-saxonne moderne leur imagination pour concevoir et leur habileté pour exécuter.

Enfin, c'est par eux qu'ont été posées les premières assises de l'empire de Russie, qui, s'ils ne s'en étaient pas mêlés, ne se serait probablement jamais constitué en un vaste État.

L'avenir nous dira si le colosse moscovite a grandi pour le bonheur ou le malheur de l'humanité...

C'est la question que vous vous êtes posée, mon révérend père, au point de vue religieux, et que je tâche de mon côté de résoudre par l'étude des faits au point de vue purement politique.

En vain a-t-on voulu contester aux Varègues leur origine scandinave. Elle est parfaitement établie par la linguistique, par le caractère si normand des chefs qui furen d'une activité dévorante, depuis Rurik jusqu'à Jaroslaf, et surtout par la législation de ce dernier, qui est tout à fait scandinave.

Le nom de Varègues veut dire les « bannis » ou les « expatriés ». Rurik ou Rourik, Sineous et Trouvor sont des sobriquets qui se traduisent par le *Tranquille*, le *Victorieux*, le *Fidèle*.

Le caractère énergique et conciliant à la fois des Normands se révèle par cette force audacieuse et persévérante qui parvint à réunir en un groupe compact les communes slaves dispersées. Il se révèle aussi par cet esprit d'opportunité qui permit à Rurik et à ses successeurs, jusqu'à la formation du grand-duché de Moscou, de se faire reconnaître comme grands princes de Novgorod, sans toucher aux institutions républicaines de la cité libre, gardant son poçadnik et son vetché (le consul et l'assemblée populaire).

C'est bien le sang des *vikings* ou « rois des mers » qui coulait dans les veines de ces flibustiers sous la conduite desquels s'accomplirent, en moins de cent ans, sept expéditions contre l'empire de Byzance pour le piller et lui imposer des traités commerciaux.

Askold et Dir ouvrent la voie. Quoique n'appartenant pas à la famille de Rurik, ils avaient établi leur domination sur Kiew, dont la jalousie d'Oleg les dépouilla, plus tard, en leur ôtant la vie. Ces deux frères varègues, avec deux cents vaisseaux, d'après le récit de Nestor, atteignent le Bosphore et jettent la terreur dans Byzance. Mais survient une tempête qui les oblige de regagner la mer Noire. Ce soulèvement des flots aurait été produit, au dire des chroniqueurs byzantins, par une robe miraculeuse de la Sainte-Vierge que le célèbre patriarche Photius aurait trempée dans l'eau salée.

Oleg prend mieux ses mesures. Il équipe une flotille de deux mille barques, auxquelles il adapte des roues. Déployant leurs voiles, il arrive, poussé par le vent de la mer, à travers les champs, jusqu'aux portes de la capitale des Grecs ou la « ville-roi, » Tsaregrad (comme l'appelaient les Slaves). La miraculeuse histoire repose sur la bonne foi de Nestor qui ajoute que l'empereur

Léon VI, le Sage, paya un tribut à Oleg auquel ses compagnons décernèrent le surnom de *Sorcier*.

Igor, fils de Rurik et successeur d'Oleg, l'aîné de la famille, se mit en marche sur Constantinople, à travers l'Asie-Mineure, accompagné d'une flotte de mille vaisseaux, nous dit Luitprand, évêque de Crémone et chroniqueur contemporain de l'événement. Le feu grégeois fit avorter l'entreprise. Igor ne se découragea pas. Il revint sous les murs de Byzance avec les Petchenègues, qu'il entraîna à sa suite, et, cette fois, il obtint, comme Oleg, un tribut en argent et des avantages mercantiles. Le Northman d'autrefois, comme l'Anglais d'aujourd'hui, ne combattait pas pour la gloire, mais pour rapporter du butin ou étendre son commerce.

Sviatoslaf, le fils d'Igor et d'Olga, est chargé, par l'empereur grec Nicéphore Phocas, de mettre à la raison Pierre, le tsar de la Bulgarie. Sur cette invitation, il traverse le Danube, que les Russes ne devaient plus revoir que sous le règne de Catherine II. Il s'empare de Periaslaw, la capitale bulgare, franchit les Balkans, et occupe Philipopoli, Cette région l'enchante; il voulait transporter le siége de son gouvernement à Periaslaw, d'où il écrit à sa mère :

« Voici le point central de mes États et « tous les biens y abondent. De la Grèce y « viennent les étoffes précieuses, le vin, l'or « et les fruits de toutes espèces; du pays des « Tchèkes et des Hongrois, des chevaux et « de l'argent; de la Russie, des fourrures, de « la cire, du miel et des *esclaves.* »

L'idée de voir les Varègues se fixer dans le voisinage de Byzance ne pouvait que déplaire au nouveau César du Bas-Empire, Jean Zimiscès, qui somma Sviatoslaf d'accomplir le traité conclu avec son prédécesceur, Nicéphore Phocas, et d'évacuer le pays. Le chef varègue répondit par un refus menaçant. Mais, attaqué à plusieurs reprises, il perdit la bataille décisive et consentit à se retirer. Au passage du Dniéper, il fut assailli par les Petchénègues qui le tuèrent et firent une coupe de son crâne pour leur chef

Kouria. Il eut une mort semblable à celle de son père Igor qui avait péri massacré par les Drevliens dans une embuscade.

Sviatoslaf, résistant à toutes les instances de sa mère, avait refusé d'embrasser la foi chrétienne : « Mes compagnons se moqueraient de moi ! » disait-il.

Vladimir, que Sviatoslaf avait eu d'une simple servante, commença par partager cette répulsion contre l'idée de sortir du polythéisme. Il s'efforça même de relever le culte des dieux, en commandant des sacrifices humains. Sur son ordre, deux Varègues chrétiens furent immolés en l'honneur de Péroun. Mais ce retour aux rits sanglants d'Odin n'eut pas de suites. Observant la tendance des Kioviens à suivre, en recevant le baptême, l'exemple de sa grand'mère Olga, il songea, comme un profond politique, à se faire le promoteur d'un mouvement qu'il n'était plus possible de contenir. Il ouvrit gravement une enquête sur les diverses formes du monothéisme. Des messagers allèrent de sa part chez les Bulgares du Volga, convertis à l'islamisme, chez les Khazares, où fleurissait le judaisme des kharaïtes, en Pologne, où Mieczyslas venait d'adopter la doctrine de l'Église romaine, à Byzance, enfin, où s'étalait dans toute sa splendeur l'Église grecque, détachée par Photius du siége de saint Pierre.

D'après les rapports qu'il écouta très-attentivement, Vladimir rejeta la foi de Mahomet et celle de Moïse, à cause de la circoncision. Il hésitait entre l'Église d'Occident et celle d'Orient. Un dernier argument le décida en faveur de la seconde : « Si la religion des « Grecs n'était pas la meilleure, lui dirent « de vieux conseillers, Olga, votre aïeule, la « plus sage de toutes les femmes, ne l'aurait « pas adoptée. »

Sa détermination prise, le fils de Sviatoslaf envoya demander des prêtres à Byzance. Comme on ne se hâtait pas de les lui expédier, il résolut d'aller lui-même chercher le baptême à la tête d'une vaillante et forte *drougina*.

Ce fut là le motif de la sixième ou septième expédition varègue contre le Bas-Empire : elle s'arrêta à la ville de Chersonèse, en

Tauride, qui reconnaissait encore l'autorité impériale de Constantinople. Il y avait pour le moment deux empereurs grecs, un Basile et un Constantin, qui se disputaient le trône. Également intimidés, ils s'empressèrent d'obtempérer aux injonctions de Vladimir, et, en sus des prêtres exigés, ils lui envoyèrent leur sœur Anne pour épouse, accompagnée de riches présents.

Le Varègue se déclara satisfait et retourna dans ses États, chrétien et époux d'une seule femme. Le bon Nestor nous laisse dans l'ignorance sur la manière dont le polygame se débarrassa de ses trois harems. Ce fut probablement à la façon des sultans de Turquie, qui marient dans leur entourage domestique les odalisques dont ils veulent se défaire.

La conversion de Vladimir amena une fusion plus complète entre les Varègues et les Slaves de Novgorod et de Kiew ; elle les policia les uns et les autres. Mais malheureusement elle jeta les germes d'un divorce de plusieurs siècles entre la civilisation russe tâchant de se modeler sur Byzance en décadence, et la civilisation tchèko-polonaise, recevant de Rome catholique une impulsion alors plus progressive. Entre les deux fractions principales de la race slave, s'établit et s'aggrava de siècle en siècle le dualisme, qui existait déjà entre l'Occident, monde naissant, et l'Orient, monde moribond.

Sous Iaroslaf (dit le Grand, comme son père Vladimir, qui, de plus, porte le titre de saint) il y eut une nouvelle expédition contre les Grecs, à propos d'une querelle entre marchands. Elle se termina tristement pour les assaillants, qui éprouvèrent une défaite complète sur le Bosphore. Arrêtés dans leur retraite par terre, ils furent exterminés, sauf 800, qui, conduits à Constantinople, eurent les yeux crevés.

Par contre, Iaroslaf remporta un triomphe sur les Petchénègues aussi complet que celui de Sviatoslaf sur les Khazares. Ces deux peuples, qu'on range parmi les Tatares, mais qui, au moins en partie, étaient des Caucasiens, avaient, depuis Rurik, beaucoup gêné la consolidation de l'État russo-varègue. Cependant il n'y eut pas longtemps à se réjouir de leur disparition, car elle amena en scène les Polovtzi, dignes précurseurs des Mogols.

Le premier parmi les princes de la famille de Rurik, Iaroslaf mérite d'être assimilé à un souverain dans le sens royal de ce mot. Ses ancêtres n'étaient que des chefs de bande ou de *drougina*, qui, guerroyant toujours, vivaient en pairs et compagnons avec leurs soldats, n'avaient rien qui ressemblât à une cour et tenaient leur commandement de la confiance qu'ils inspiraient autour d'eux : confiance dont le renouvellement de bail exigeait des preuves continuelles de courage et d'habileté. De là cette activité fébrile qui, seule, maintenait leur prestige et leur pouvoir toujours précaires.

L'imitation de Byzance, compliquée de l'absorption des Varègues par les Slaves, amène, sous Iaroslaf, un autre état de choses. Depuis l'introduction du christianisme, le prince n'a plus seulement l'appui de ses *drouginiki* qui maintenaient les masses dans l'obéissance, mais il a en outre la propagande des « popes » qui inoculent à ces masses le respect du chef de l'État, en parlant au nom du ciel. Kiew, enrichie par la guerre et le commerce, prend les proportions de la capitale d'un roi d'Europe. Ce roi, sans en avoir encore le titre, occupe un rang distingué parmi les porte-couronne de son temps. Il entre en alliance avec eux. A Kazimir de Pologne, il marie sa sœur et il a pour gendres Harold le Brave, roi de Norwége, Henri Ier, roi de France, et André Ier, roi de Hongrie. De telles relations matrimoniales élèvent en quelque sorte la Russie du onzième siècle au niveau de celle du dix-neuvième.

Au milieu d'une cour splendide pour l'époque, Iaroslaf a perdu le caractère scandinave des « coureurs de mer. » Il ne cherche plus les aventures au loin, comme ses prédécesseurs. Son désastre militaire sur le Bosphore l'a dégoûté de ce genre de gloire. Il en acquiert une plus solide en devenant législateur.

L'esprit scandinave apparaît d'une manière frappante dans la *Rouskaïa Pravda*. « La Vérité russe, » code d'une singulière mansuétude, repousse la peine de mort, les supplices cruels, la torture, les châtiments corporels, la prison même; elle fixe un tarif pour le rachat des crimes, autorise la vengeance du meurtre par les parents de la victime, admet le duel judiciaire, l'épreuve par le fer rouge et l'eau bouillante, enfin place auprès des juges douze hommes librement choisis pour déclarer si l'accusé est innocent ou coupable.

La seule institution du jury rend la législation de Iaroslaf supérieure à celle de Nicolas Ier, qui voyait dans cette garantie donnée à l'accusé une entrave pour l'autocratie. Cela gêne, en effet, tout pouvoir qui aime, lorsque tel est son bon plaisir, à faire de la loi une lettre morte.

La restauration du jury, disparu depuis plusieurs siècles, faisait honneur à l'empereur régnant Alexandre II. Sa récente suppression pour les procès politiques prouve avec quelle facilité le régime mogol reprend à Saint-Pétersbourg le dessus sur les idées européennes, comme les admettait Iaroslaf, il y a huit cents ans !

Le règne de Iaroslaf est, pour ainsi dire, le dernier chant de l'épopée scandinave, longue de 192 années, commençant en 862 et se terminant en 1054. Cette série de légendes héroïques rappelle la période des sept rois de Rome recueillie par Tite-Live, mais elle repose sur des fondements historiques beaucoup trop solides pour qu'un Niebuhr ou un Michelet vienne la déclarer apocryphe. Certes, par-ci, par-là, le mensonge se mêle à la vérité : mais les personnages et les principaux événements de leur vie n'en restent pas moins hors de doute.

Après la mort de Iaroslaf, jusqu'à l'arrivée des Tatares en 1224, toute poésie disparaît au milieu d'une confusion fastidieuse. Le conflit est incessant entre les membres de la famille de Rurik qui réclament la souveraineté de Kiew : les uns, au nom de l'aînesse ; les autres, au nom de la filiation. Le premier droit était celui des Slaves et des Scandinaves et, par une étrange coïncidence, il subsiste encore chez les Turcs. Le second, adopté dans toute l'Europe occidentale, venait de Byzance. On peut se demander si le système relativement primitif n'est pas plus raisonnable que le système qu'on croit le seul civilisé. Car une monarchie, où la succession passe au plus âgé, s'assure plus de maturité à la tête de l'État qu'en tombant, par descendance naturelle, souvent dans les mains d'un enfant au berceau. On sait ce que les régences ont produit d'intrigues de palais et de guerres civiles.

Autour de Kiew pullulent des États indépendants qui s'absorbent mutuellement pour se subdiviser de nouveau. A l'exemple de Vladimir, les Grands Princes, quand ils ont réuni plusieurs de ces États sous leur sceptre, les partagent en mourant à leurs fils et ceux-ci n'ont rien de plus pressé que de tâcher de grossir chacun son héritage au détriment de l'autre.

La patience la plus résignée se lasse à suivre les querelles des roitelets subalternes qui régissent Polock, Smolensk, Tchernigov, Tmoutarakan, Halitch, Tver, Souzdal, etc., faisant des alliances à deux ou trois contre un, attirant les uns contre les autres les hordes ouralo-altaïques et quelquefois soumettant leurs différends à l'arbitrage d'une assemblée élue *ad hoc*.

Ce dernier procédé, d'où aurait pu sortir un gouvernement représentatif, est de fort rare occurrence. Les historiens russes qui le mentionnent ne l'ont pas mis assez en lumière.

Au milieu d'une tourbe de princes très-peu sympathiques ou intéressants, se distingue la personnalité de Vladimir Monomaque. Adhérant au droit d'aînesse ou d'ancienneté, il refuse la souveraineté de Kiew, qui lui est offerte par les habitants; il la laisse à son aîné, Sviatopolk. Après la mort de celui-ci, il résiste à de nouvelles instances, en disant qu'Oleg de Tchernigov et ses frères doivent passer avant lui par le privilége de l'âge. Cependant il finit par céder à des prières allant jusqu'à la contrainte brutale, et son règne justifia le suffrage populaire. Il vainquit les turbulents Polovtzi, et fonda sur la Kliazma la ville de Vladimir.

Il s'est peint d'une manière curieuse dans l'instruction suivante, adressée à ses fils :

« Ce n'est ni le jeûne, ni la solitude, ni la
« vie monastique qui vous procureront la
« vie éternelle, c'est la bienfaisance. N'ou-
« bliez pas les pauvres, nourrissez-les. N'en-
« fouissez pas vos richesses dans le sein de
« la terre : cela est contraire aux préceptes
« du christianisme. Servez de père aux
« orphelins ; jugez vous-mêmes les veuves...
« Ne faites mettre à mort *ni innocent ni cou-*
« *pable*, car rien n'est plus sacré que la vie
« d'un chrétien... Aimez vos femmes, mais
« ne leur laissez aucun pouvoir sur vous.
« Lorsque vous aurez appris quelque chose
« d'utile, tâchez de le conserver dans votre
« mémoire, et cherchez sans cesse à vous
« instruire.

« Sans être sorti de son palais, mon père
« parlait cinq langues : *chose que les étran-*
« *gers admirent en nous...*

« J'ai fait en tout quatre-vingt-trois cam-
« pagnes, sans parler de celles qui ont une
« moindre importance. J'ai conclu dix-neuf
« traités de paix avec les Polovtzi, fait pri-

« sonniers au moins cent de leurs princes,
« auxquels j'ai rendu la liberté, et mis à
« mort plus de deux cents en les précipitant
« dans les rivières.

« Personne ne voyageait plus rapidement
« que moi : en partant de grand matin de
« Tchernigov, j'arrivais à Kiew avant les
« vêpres. Quelquefois, au milieu des plus
« épaisses forêts, j'attrapais moi-même des
« chevaux sauvages et je les attachais
« ensemble de mes propres mains. Que de
« fois je fus renversé par les buffles, frappé
« du bois des cerfs, foulé aux pieds par les
« élans! Un sanglier furieux m'arracha mon
« épée de ma ceinture; ma selle fut déchirée
« par un ours qui renversa mon coursier
« sous moi. Que de chûtes de cheval n'ai-je
« pas faites dans ma jeunesse, où, sans son-
« ger aux dangers auxquels je m'exposais,
« je me brisais la tête, je me blessais aux
« bras et aux jambes! Mais le Seigneur
« veillait sur moi! »

Durant trente années, après la mort de
Vladimir Monomaque — ainsi surnommé

parce que sa mère était la fille de l'empereur Constantin Monomaque — Kiew fut une pomme de discorde entre les membres de la famille de Rurik. Un d'eux, André Bogolubski (qui aime Dieu), craignant d'en être chassé par les habitants qui avaient montré peu d'affection pour son père, Iouri Dolgorouki, transporta le siége du gouvernement à Vladimir, sur la Kliazma. La capitale varègue s'étant révoltée, il l'assiégea, la prit et la livra pendant trois jours au pillage.

Ce n'était pas assez : la malheureuse cité se relevait lentement de ses ruines, quand elle devint, en 1223, la première victime de l'invasion des Tatares. A cette occasion, elle perdit, dit-on, 60,000 âmes de sa population.

Sans poursuivre son histoire, il nous semble certain que l'avenir lui prépare des destinées glorieuses. Centre intellectuel de la Ruthénie, où s'élabore une nationalité nouvelle, pourquoi n'en deviendrait-elle pas la capitale ?...

Polono-russe en apparence, elle aspire à

n'être ni polonaise ni russe, mais petite-russienne, s'appartenant à elle-même et formant une « autonomie » justifiée par sa langue distincte.

Cette autonomie de Kiew pourrait et devrait être un trait d'union entre les deux pays qui l'ont possédée tour à tour. Avenir de conciliation et de paix qui entre, nous l'espérons, dans les décrets de la Providence, et qui finira par se réaliser !

II

La Russie tatare.

La Souzdalie ou Russie du Volga brise le travail d'assimilation avec l'Europe qui s'accomplissait dans la Kiovie ou Russie du Dniéper. La maison de Rurik cesse d'être varègue ou scandinave; elle est, en quelque sorte, finno-slave, en attendant qu'elle devienne, par son vasselage de plus de deux siècles, tataro-mogole.

Ni Vladimir, ni Moscou ne surgissaient au milieu d'une population aryenne, comme Kiew; elles s'étaient établies sur une couche épaisse de Touraniens, autrement dits Altaï-Ouraliens. Quelques lueurs de civilisation leur arrivaient seulement du Nord, par suite des relations de Novgorod avec la Hanse germanique.

Le commerce de cette république de 400,000 âmes attira l'attention des Allemands sur les provinces de la Baltique, qui forment aujourd'hui la Courlande, la Livonie et l'Esthonie. C'était une région encore païenne, habitée : en partie, par les Lettes ou Lithuaniens (aryens comme les Slaves, mais parlant une langue toute différente, la plus rapprochée qu'on connaisse en Europe du sanscrit); en partie, par des Finnois.

Avec la croix, le glaive et des marchandises, le missionnaire Meinhard arrive pour convertir et asservir les peuplades semi-sauvages. Il élève un fort à Uex-Kull. Mais les Lettes se soulèvent contre son successeur et le tuent dans une bataille. Avec leurs dieux, ils reprenaient leur indépendance, quand Innocent III lança sur eux une croisade qui les fit entrer dans le giron de l'Église et sous le joug d'une bande d'étrangers.

Albert Buxhœvden, évêque en cuirasse, pénètre dans la Duna avec vingt-trois navires, sème l'épouvante et bâtit Riga, en 1200. Il installe du même coup l'ordre des Porte-Glaive, modelé sur les Templiers et portant le manteau blanc avec une croix rouge. Ces chevaliers ne tardèrent pas à réduire les limites de la république de Pskov, fille de la république de Novgorod, à enlever à celle-ci Dorpat, fondée par Iaroslaf le Législateur et à acheter au Danemark le rocher de Kalyran (géant de la mythologie finnoise), où s'élève Rével.

Le pays conquis fut divisé en fiefs, amicalement partagés entre l'évêque de Riga et les chevaliers, tous originaires de Saxe et de Westphalie.

Ainsi se forma une noblesse complétement allemande qui imposa aux Lettes et aux Finnois un esclavage écrasant. A l'ombre de cette noblesse, l'émigration des commerçants forma à Riga et dans les autres villes une bourgeoisie également allemande. Les travailleurs restèrent ce qu'ils sont encore, Lettes ou Finnois.

Au nom des classes dirigeantes, l'Empire germanique de M. de Bismarck peut prétendre à l'annexion des provinces baltiques, et l'empire russe n'aurait aucun droit de fonder sa possession ni sur la communauté d'origine, — la classe rurale n'étant pas slave; — ni sur la langue, — lette et finnoise dans les campagnes, allemande dans les villes; — ni enfin sur la croyance, — car nobles, bourgeois et paysans adhèrent depuis longtemps au protestantisme de Luther.

Il y a de plus, en faveur de la revendication prussienne, l'ancienne subordination des chevaliers Porte-Glaive aux chevaliers teutoniques — subordination qui dura jusqu'à l'année 1551. Après dix ans d'indépendance comme État de l'Empire germanique, le grand-maître Gothard Kettler céda la Livonie aux Polonais et devint, en 1561, premier duc de la Courlande et vassal de la couronne des Jagellons.

Les Russes obtinrent les provinces baltiques, que les Suédois avaient acquises par la paix de Nystad, en 1721. Aujourd'hui ils en sont les maîtres; au commencement du treizième siècle ils faillirent y être annexés comme sujets par les chevaliers Porte-Glaive. Ces croisés en permanence ne faisaient aucune distinction entre les païens et ceux qu'ils appelaient des hérétiques ou des schismatiques; loin d'avoir la pensée de prêter leur concours à la maison de Rurik pour repousser les Tatars, ils en profitèrent pour prendre la ville de Pskov et construire des forts sur la Néva, obéissant aux ordres du pape Grégoire IX qui prêchait une croisade contre la république de Novgorod, protectrice des paysans de la Baltique. Alexandre, son prince, commença par battre les Suédois sur les bords de la Néva (d'où le surnom de Nevski), en 1240. Se tournant ensuite contre les Porte-Glaive, il les arrêta sur les bords du lac Peïpous, en 1242. Quatre cents chevaliers mordirent la poussière. Pskov fut recouvré et du côté de l'Occident au moins, les Russes n'eurent pas à craindre un ennemi redoutable qui, une fois Novgorod conquis, aurait permis aux Tatars de subjuguer entièrement Vladimir et Moscou.

Il est vrai que la défaite, au lieu de la victoire sur la Néva et le lac Peïpous, aurait probablement ramené vos compatriotes, mon révérend père, à la foi catholique romaine. L'empire du tsar ne se serait jamais construit avec les débris du schisme de Photius, et la question : *La Russie sera-t-elle catholique ?* aurait été résolue, il y a six siècles, dans le sens affirmatif.

Sans l'Église d'Orient, hostile à Rome et bientôt en lutte avec la Pologne, on peut même se demander si une Russie existerait aujourd'hui. Catéchisée par les Porte-Glaive, ne se serait-elle pas, comme la Lithuanie, soumise à la puissance qu'elle parvint plus tard à vaincre par l'antagonisme même des deux religions ? N'est-ce pas cet antagonisme qui affaiblit d'abord une rivale plus vaillante et plus forte, en détachant de son obédience les Kosaks et en formant le parti de dissidents qui fut le prétexte et l'une des causes du triple partage ?

Otez de l'histoire de la Russie naissante son orthodoxie grecque, et cette histoire entre dans le courant de la civilisation occidentale, par conséquent s'harmonise avec le mouvement polonais, au lieu d'entamer cette longue lutte d'où est sorti jusqu'à présent, pour le malheur du monde, le triomphe du mogolisme greffé sur le byzantisme, la barbarie asiatique, imprégnée des émanations impures d'une décadence corruptrice.

L'Europe connaissait les Mogols sous le nom de Huns. Attila fut le précurseur des hordes qui vinrent en 1223, sous les ordres de Baty, neveu d'Oktaï, un des fils de Tchenghis, fouler, sous leurs chevaux et leurs chariots, les plaines de la grande et de la petite Russie.

Bolgary, capitale des Bulgares, sur le Volga, éprouve la première la rage des envahisseurs. Elle est pillée, brûlée, et il s'y massacre en masse une population cependant de même race que les envahisseurs. Les dynastes de Riazan, de Kolomna, de Moscou, de Mourom, etc., se portent au-devant du torrent. Ils sont terrassés. Le grand prince de Vladimir, sur la Kliazma, affronte à son tour le danger, dont il avait d'abord voulu se tenir à l'écart. Sa résidence est incendiée, comme l'avaient été Riazan, Moscou, Torjok.

A deux cents verstes de Novgorod, l'armée dévastatrice s'arrête et se porte vers le Sud. Tchernigov et Kiew sont emportées d'assaut. Ensuite la Volynie et la Galicie sont ravagées.

La rapidité du succès tient du prodige. Karamzine l'attribue :

1° A la force numérique des Tatars, qui disposaient au moins de 500,000 hommes bien armés et bien aguerris ;

2° Au manque d'entente entre les membres de la famille de Rurik, divisée en petits apanages et se jalousant les uns les autres ;

3° Et enfin à la faiblesse du contingent militaire des chefs russes, dont était exclue la masse des cultivateurs, dépouillés déjà par les Varègues du droit de porter les armes.

La Pologne et la Bohême virent ainsi s'avancer le flot dévastateur. Il ne fit que passer, et, arrivé à la lisière de l'Allemagne, il rebroussa chemin.

En Russie, Baty se tailla un puissant Etat qui porta le nom de Kiptchak ou Horde Dorée et s'étendit de l'Oural aux embouchures du Danube et à la mer Caspienne. Sa capitale, sur un bras du Volga, s'appelait Séraï. C'est là qu'il fut visité par le père Carpini, moine dominicain envoyé chez le petit-neveu de Tchenghis-Khan, pour l'engager à faire cause commune avec la chrétienté occidentale contre les Turcs et les Arabes.

Le lévite diplomate nous décrit dans les termes suivants la cour mogole de Baty :

« Elle est brillante et nombreuse. Son
« armée compte 600,000 hommes, dont
« 150,000 Tatars et 450,000 étrangers, tant
« chrétiens qu'infidèles.

« Le vendredi de la semaine sainte, nous
« fûmes conduits à sa tente entre deux feux,
« parce que les Tatars prétendent que le feu
« purifie tout et ôte même la force à un poi-
« son caché. Il nous fallut faire plusieurs
« prosternations et entrer dans la tente sans
« en toucher le seuil.

« Baty était sur son trône avec une de ses
« femmes ; ses frères, ses enfants et les sei-
« gneurs tatars étaient placés sur des bancs :
« le reste de l'assemblée assis par terre, les
« hommes à droite, les femmes à gauche...

« Le Khan et les seigneurs de sa cour
« vidaient de temps en temps des coupes
« d'or et d'argent, tandis que des musiciens
« faisaient retentir les airs de leurs mélo-
« dies.

« Baty a le teint animé ; il met de l'affabi-
« lité dans ses relations avec les siens, mais
« il inspire une terreur générale. »

La « Horde dorée » se composait non-seulement de Mogols et de Tatars turcs, mais encore des débris des peuplades du même sang, tels que Khazars, Petchénègues, Polovtzi, etc. Nominalement subordonnée à la grande horde, elle prit sa pleine indépendance en 1260, et embrassa l'islamisme en 1272.

Le grand prince russe, terrassé, fut confirmé dans son autorité, à condition de payer un tribut à la horde : vasselage qui pesa pendant deux siècles sur ses successeurs. A ce tribut, la fière Novgorod refusait de se soumettre ; Alexandre Nevski dut user de toute son habileté pour persuader à la république récalcitrante de ne pas attirer sur ses murs, épargnés jusqu'alors, une colère redoutable. La politique opportuniste d'un prince aussi prudent que brave lui a valu la juste reconnaissance de ses contemporains et lui a mérité le titre de saint.

Des trois Alexandre qui ont présidé avec éclat aux destinées de la nation russe, le premier en date a vu, aux heures de trouble et de danger, les deux autres, prosternés devant ses reliques, chercher dans un pieux recueillement de sages résolutions. Il possède donc, ce descendant de Rurik, une auréole dont ont tâché de s'illuminer les empereurs de la famille Holstein-Gottorp, quand il s'agissait, pour l'un, de résister à l'invasion de 1812, et pour l'autre, actuellement régnant, d'accomplir l'acte le plus méritoire de son règne : l'affranchissement des serfs.

La situation de la grande principauté de Vladimir et des autres principautés russes ressemble, sous les Tatars, à la situation encore toute récente de la Roumanie, de la Serbie et autres provinces chrétiennes sous le gouvernement des sultans. Se contentant d'imposer une capitation ou un *karaïch* aux vaincus, le khan de la « Horde dorée » les laissait s'administrer en toute liberté; il ne touchait ni à leur croyance, ni à leurs lois, ni à leurs coutumes. Il se posait en arbitre de leurs querelles intestines et tranchait le différend d'une manière sommaire. De plus, il exigeait parfois des princes vassaux des contigents auxiliaires et ne leur permettait de faire la guerre pour leur propre compte que sur son autorisation. A quoi s'ajoutait l'obligation pour les apanagés de se présenter à la horde dès qu'ils en étaient requis.

Même lorsque les Tatars devinrent musulmans, ils n'eurent rien de l'esprit exclusif des Turcs actuels. En 1318, le grand prince George épouse la sœur du khan Ouzbek. Le fait avait déjà eu des précédents. Les familles des boïars s'alliaient fréquemment par des mariages aux familles des Mourzas. La femme embrassait la religion du mari sans obstacle de la part des parents.

L'influence des Tatars sur le gouvernement et le caractère russes ne laissa pas d'être considérable. Elle se manifeste, même, après l'affranchissement de la Moscovie, à la cour des grands princes qui, dans leurs costumes, dans leur maintien, dans les caprices de leur despotisme, imitent les khans. Ils mettent en pratique l'axiome si asiatique, quoi qu'il soit sorti d'une bouche allemande : « La force prime le droit. »

Ivan III et Ivan IV, dit « le Terrible, » n'ont pas d'autre principe que de faire tout plier sous leur main de fer. Pierre Ier a eu beau visiter l'Europe la plus civilisée, il ne comprend pas qu'on puisse, sans devenir criminel, résister à la moindre de ses volontés. Nicolas Ier se complaisait, en plein dix-neuvième siècle, à vivre dans une atmosphère de terreur, et, malgré son sang germanique, posait en véritable khan, ajoutant à chacun de ses oukases la formule tacite : « Tremblez et obéissez ! »

Il n'était jamais plus heureux que lorsqu'il se mettait au-dessus des lois promulguées par lui-même, lorsqu'il aggravait la peine de quelque malheureux condamné politique.

Aux souverains de cette trempe, mieux encore qu'aux nobles de Moscou ou de Pétersbourg, s'applique le mot : « Grattez le Russe, et vous trouverez le Tatar ! »

Dans les lois se montre également cette absence de compassion qui distingue les codes criminels d'Asie. La *Rouskaïa pravda* de Iaroslaf où la peine de mort, les châtiments corporels et même la prison étaient inconnus, s'évanouit comme une utopie du passé. Des supplices atroces ont été prodigués jusque dans ces derniers temps. Alexandre Ier s'est honoré en abolissant l'usage de marquer au front d'un fer chaud et d'arracher avec des pelles brûlantes les narines aux déportés en Sibérie. Le knout, encore tout récemment, enlevait des lambeaux de chair non-seulement aux hommes, mais aussi aux femmes — et il dépendait du bourreau de tuer au neuvième coup.

La discipline militaire avait pris une rigidité impitoyable : le soldat insubordonné passait par trois mille et quelquefois douze mille coups de verges, que ses camarades étaient forcés de lui appliquer sous les yeux du colonel criant : « *Kreptché ! Kreptché !* — plus fort, plus fort ! »

La domination tatare a laissé ses vestiges dans l'humble soumission des boïars au tsar et dans celle des serfs aux boïars : dans une crainte mutuelle et hiérarchique qui prévalait et prévaut encore à tous les degrés de la société russe ; dans l'abaissement abject des subordonnés envers leurs chefs ; dans une obéissance passive, poussée jusqu'à l'accomplissement par l'inférieur du crime commandé par le supérieur ; enfin, dans cette morne résignation générale chez le Russe, dont certains observateurs inattentifs ou complices de l'autocratie ont voulu faire une vertu slave, puisée à la plus pure source du christianisme, et qui n'est au fond que du servilisme fataliste, d'origine mogole, de tempérament musulman : ce que les Turcs appellent *kismet* et les Russes *soudba*.

L'habitude de battre les femmes est encore un legs des Tatars. Le dicton russe : « Je t'aime comme mon âme et je te bats comme ma pelisse » est de la même provenance. Le *terem* ou gynécée se transforma, sous l'influence mogole, en harem. Avant Pierre Ier l'épouse servait son époux et ses convives, sans oser prendre part au banquet ; pour mettre la femme sur un pied social convenable, il fallut au réformateur toute son infatigable énergie.

La langue russe s'enrichit d'un certain nombre de mots des conquérants. Nous n'y verrions rien à redire, n'était l'adoption d'un affreux juron comme aucune langue européenne, hormis le magyar, n'en possède. Ce juron existe en indoustani également, comme me l'apprend mon ami polyglotte Alexandre Holynski et exprime par ces mots : *Téré maka tchot*, la plus indécente insulte qui se puisse faire à la mère de son interlocuteur. On peut conclure de là que la Grande-Russie a tiré la reproduction littérale de ces trois mots de la même source que la Hongrie et l'Inde : de la bouche grossière des Mogols.

D'autres habitudes honteuses ont été inoculées à leurs vassaux par ces Asiatiques sans pudeur et sans retenue.

Un résultat plus général et plus néfaste de la domination des khans de la Horde-d'Or sur les Grands-Princes a été d'élever les Russes à l'école de ce despotisme qui, perfectionné par le caporalisme allemand et, s'inspirant de l'espionnage autrichien de Metternich avec quelques raffinements empruntés à Fouché, a fait de l'autocratie, parvenue à son apogée sous Nicolas Ier, la machine d'oppression la plus compliquée et la plus abominable sous laquelle ait jamais gémi l'humanité et qui s'appelle aujourd'hui, avec une modestie ironique : la *Troisième section de la chancellerie impériale.*

Au moins les khans n'ont pas songé, comme les tsars, à imposer une croyance religieuse par la force, à prohiber l'usage d'une langue quelconque, à règler le costume des hommes et des femmes. Ils n'ont pas transformé en délit ou en crime une chevelure plus ou moins longue, une barbe taillée ou rasée d'une certaine façon, quelquefois même un innocent lorgnon posé devant l'œil d'un myope.

Voilà pourtant ce que nous avons vu, mon révérend père, quand nous habitions tous deux les rives de la Néva.

Et que d'autres choses ne pourrions-nous pas nous rappeler où le ridicule se mêle à l'odieux, si nous avions le temps et l'envie de les enregistrer !

Il y en aurait dans le nombre de tellement absurdes qu'elles paraîtraient inventées à plaisir. Cependant vous savez aussi bien que moi, mon cher et ancien camarade, jusqu'où *la troisième section* poussait la brutalité tatare et la fantaisie mogole sous le règne de Nicolas Ier, d'impérissable mémoire !

LA
POLOGNE DES PIAST

> *D'un paysan, élu chef de la nation, est sortie une lignée de rois populaires dont pas un ne fut tyran.*

Les Piast.

« Ce que Rome est pour le monde, Krakovie l'est pour nous », dit avec raison un écrivain polonais. « *Sola Cracovia est Polonia* », déclarait, au seizième siècle, un géographe italien.

Cette impression, je l'éprouve en vous écrivant de la capitale même des Piast et des Jagellon. Il me semble y voir se dresser sous mes yeux tout le passé de mon pays natal, depuis les légendes poétiques de Krakus et de Vanda, jusqu'à la prise d'armes de Kosciuszko dans l'église de Skalka, qui avait été jadis le théâtre de la fin tragique de saint Stanislas de Szczepanow (1).

---

(1) Remarquez en passant que je n'appelle pas cet évêque Szczepanowski, avec la plupart des historiens, car les noms de famille n'existaient pas encore chez les peuples slaves et ne devaient être introduits en Pologne qu'au quatorzième siècle.

Cette terre était chrétienne depuis cent ans, lorsque l'acte sanguinaire d'un roi fit surgir le patron indigène dont les reliques sont renfermées dans un sarcophage d'argent massif, au milieu de la cathédrale de Wawel.

Quant au meurtrier, dont la sépulture est inconnue, il brisa par son crime une carrière qu'il avait remplie d'exploits utiles en travaillant activement à la formation d'une nationalité commencée par Ziemowit, le fils de Piast, — poursuivie par Mieczyslas Ier, Boleslas Ier le Brave, Mieczyslas II, Kazimir le Restaurateur, — achevée par Kazimir le Grand et les Jagellons.

Le règne de Mieczyslas Ier est occupé tout entier par ses efforts à convertir au christianisme les peuplades de la Mazovie, de la Silésie et de toute la contrée slave, jusqu'à l'Oder. Telle était l'étendue un peu vaguement déterminée de la principauté des premiers Piast dont Gniezne était la capitale.

C'est Boleslas Ier, le Brave ou le Grand, fils de Mieczyslas, né de Dombrowka, la

Clotilde polonaise, qui conquit Krakovie sur les Chrobates, ou les Croates blancs, comme s'appelaient les habitants d'un petit État fondé par Krakus et agrandi ensuite, d'un côté jusqu'à l'Elbe, et de l'autre jusque par-delà les Karpathes, aux rives de la Teiss. Il racheta aux païens de la Prusse les dépouilles de saint Woyciech, Adalbert de Prague, et fit valoir ce service en sollicitant de Rome le titre de roi, dont le pape et l'empereur étaient les dispensateurs.

Le Pape refusa d'obtempérer à cette supplique, sous prétexte, dit-on, que le sentiment de justice ne prévalait pas encore assez dans les possessions du prince de Gniezne. A cela ne peut-on pas répondre par cette question : Ce sentiment de justice existait-il quelque part d'une manière nette en l'an 999 ?

Quoiqu'il en soit, le successeur allemand du César romain, Othon III, fut de plus facile composition que le vicaire du Christ. Il vint à Gniezne s'agenouiller devant les reliques de saint Woyciech, et, touché de la magnifique réception dont il était honoré, ôta de sa propre tête la couronne qu'il portait, la mit sur celle de Boleslas et le salua roi.

Boleslas s'illustra par deux guerres heureuses contre les princes de Kiew : Vladimir et Iaroslas. En entrant dans leur capitale, il frappa de son glaive la *porte d'or* avec tant de force, qu'il y fit une brèche. En mémoire de cet événement, le glaive s'appela l'*ébrécheur* et figura au couronnement des rois de Pologne, comme le sabre d'Osman à l'intronisation des sultans de Turquie. On le conserve pieusement dans le trésor de la cathédrale de Krakovie.

Les dissidences religieuses causèrent les premières hostilités entre la Pologne des Piast et la Kiovie des Rurik. Boleslas avait marié une de ses filles avec Sviatopolk, fils de Vladimir; et ce gendre, qui faisait une propagande active en faveur du culte latin, fut, à cause de cela, emprisonné avec sa femme. Boleslas alla les délivrer lui-même. Il revint plus tard à Kiew, lors de la mort de Vladimir, pour aider ce même Sviatopolk à reconquérir la capitale russe sur Iaroslas.

Sviatopolk paya sa dette de reconnaissance par le massacre du contingent polonais laissé en garnison. En même temps il se rendit odieux en tuant trois de ses frères, dont deux, Boris et Gleb, sont canonisés et figurent comme des dioscures inséparables dans le calendrier grec. L'indignation populaire se souleva contre lui ; il fut chassé, et Iaroslas, son autre frère, le célèbre législateur, remis à sa place. Cette fois, Boleslas laissa faire.

Sur la fin de sa vie, le vaillant roi polonais voulut rehausser l'éclat de son autorité par un couronnement solennel. De nouveau sa demande reçut du Pape un mauvais accueil ; elle ne pouvait être adressée à l'empereur Henri II, avec lequel il n'avait cessé de guerroyer depuis quatorze ans. Il se passa de l'un et de l'autre. Par une assemblée d'évêques, convoquée à Gniezne (en 1024), il fit accomplir la cérémonie de son intronisation avec tout l'éclat qu'il désirait.

A son exemple, Mieczyslas II, son fils et son successeur, se fit couronner avec le seul concours du clergé national, affirmant d'autant mieux l'indépendance de la royauté polonaise. Ses guerres contre la Hongrie et la Kiovie furent malheureuses, et il légua au pays la régence troublée de la reine Ryxa, princesse allemande.

Ici apparaît l'épisode curieux d'une réaction contre l'Église chrétienne, accompagnée du soulèvement des campagnes contre les villes. Maslaw, fils d'un affranchi, devenu voïevode de Mieszkow, y joue à la fois le rôle de Julien dit l'Apostat et de Spartacus. Au milieu des forêts, il rétablit le culte des anciens dieux slaves et réorganise le système communal des Gorodichtché, que regrettait la classe agricole, opprimée, non encore par la noblesse (car celle-ci ne formait pas un corps organisé), mais par la gent armée, et, il me coûte de le dire, par le clergé.

L'acharnement contre l'Eglise se manifesta par le massacre de beaucoup de prêtres. Maslaw contraignit la régente Ryxa à se réfugier en Hongrie avec son fils Kazimir, et resta maître de la situation pendant sept ans. Mais, avec le concours de l'empereur d'Allemagne, qui lui donna six cents cavaliers bien équipés, le jeune roi risqua sa rentrée en Pologne. Habilement il sema la dissension parmi les chefs des révoltés et ne tarda pas à pouvoir opposer une armée à l'insurrection communale.

Maslaw avait réuni sous ses drapeaux, outre les paysans de la grande Pologne, les Iadvingues et les Prussiens, peuples tous deux d'origine lithuanienne et avec ardeur attachés à leur polythéisme. Après deux campagnes, il perdit la vie, comme Catilina, sur le champ de bataille, et personne ne se trouva pour poursuivre son œuvre à la fois rétrograde et prématurée.

Le victorieux Kazimir reçut du clergé, dont la prépondérance devint immense, le titre de « Régénérateur du pays », et non de la patrie (dans le sens que nous attachons aujourd'hui à ce mot, qui ne pouvait s'appliquer à une monarchie encore informe).

Il faut mettre parmi les légendes apocryphes la prétendue retraite de Kazimir, pendant son exil, dans l'abbaye de Cluny en France, où il aurait été diacre et où les ambassadeurs de Pologne seraient venus le chercher, après avoir obtenu du saint siége la dispense de ses vœux. Cette anecdote est une pure fiction. Tous les historiens sérieux la rejettent aujourd'hui d'un commun accord.

Kazimir ne manqua pas, à l'exemple de Mieczyslas II et de Boleslas le Brave, de se faire couronner par l'archevêque de Gniezne. Il épousa Dobrogniewa, fille de Vladimir et sœur de Iaroslas, et rétablit ainsi les bons rapports, momentanément troublés, avec le plus illustre des souverains de la famille varègue.

Le sang des Piast se mêla plus d'une fois, par la suite, à celui des Rurik. Boleslas II, le Hardi, fut le fils de Dobrogniewa, et cette parenté dynastique l'amena deux fois à Kiew pour y remettre au pouvoir Iziaslas, le successeur d'Iaroslas.

Il se plut beaucoup, racontent les chroniqueurs, dans la cité ruthène, et s'oublia pendant de trop longs mois, au sein de toutes sortes de voluptés, importées de Byzance.

Ses guerriers l'imitèrent. Lassées de l'absence de leurs maris, les principales dames polonaises cédaient, de leur côté, aux poursuites des galants. L'entraînement parmi elles fut si général, que la chronique a transmis à l'histoire le nom de Marguerite de Zembocin, l'unique épouse restée fidèle à son époux !

Quand Boleslas revint, l'archevêque de Gniezne n'eut pas le courage de lui adresser l'admonestation requise par l'Église. Mais l'évêque de Krakovie, Stanislas de Szczepanow, assuma le rôle des prophètes du Vieux-Testament. Il se présenta devant le roi qui vivait publiquement avec une femme mariée et lui dit : « C'est mal à toi d'avoir une concubine ! »

Boleslas le Hardi et le Généreux avait beau posséder les plus belles qualités militaires, il n'était point patient. Emporté par la fougue de son caractère, il chasse d'une manière méprisante l'importun redresseur de mœurs royales.

L'évêque, outrepassant ses pouvoirs religieux, — ce que certains historiens oublient de relever — proclame le roi désobéissant à Dieu et ordonne de lui fermer les portes des églises. Ce n'était rien moins qu'un anathème, accompagné d'une excitation à la révolte. Se sentant blessé au vif et ne voyant qu'un sujet rebelle dans le prêtre, Boleslas poursuit Stanislas jusque dans l'église de Skalka et lui porte, du pommeau de son glaive, un coup mortel. Il eût voulu s'épargner l'office de bourreau, mais en vain avait-il fait trois fois appel à ses courtisans; ils étaient restés paralysés par la crainte de commettre un sacrilége.

Partout, dans le onzième siècle, au moment même où s'accomplissait ce fait brutal, Grégoire VII tendait à soumettre les rois aux évêques représentant la suprématie de Rome. Partout existait la lutte entre le pouvoir spirituel et le pouvoir séculier. Boleslas, comme son contemporain Henri IV, empereur d'Allemagne, et comme son imitateur, un siècle plus tard, Henri II d'Angleterre, pensait probablement qu'il était nécessaire — n'importe comment — de mettre des bornes aux empiétements du clergé.

Les trois souverains expièrent rudement leur résistance à l'autorité ecclésiastique, en présence d'une opinion publique toute ultramontaine, comme on dirait aujourd'hui. Le césar germanique dut faire amende honorable, pieds nus et couvert d'un cilice, dans la cour du palais de Canossa. Le roi Plantagenet reçut la discipline sur la tombe de Thomas Becket, assassiné par son ordre. Le prince Piast, excommunié par le pape, abandonné de tous, alla se faire moine et mourut oublié dans un couvent de la Karinthie.

Boleslas était un ardent champion de la légitimité, bien que ce mot ne dût être inventé que de nos jours. Il ne se contenta pas de réintégrer dans ses droits le prince de Kiovie; il rendit le même service à Béla Ier, roi de Hongrie. Mais tout en combattant pour une idée, il n'oubliait pas d'agrandir ses États, auxquels il ajouta la Volynie.

Craignant que le fils n'épousât contre l'Église la cause de son père et tôt ou tard ne s'instituât le vengeur de l'excommunié, le clergé priva Mieczyslas de la succession au trône, qui fut dévolue à Wladyslas Herman, le frère de Boleslas. C'était un homme pacifique et malléable. Il tomba sous l'influence de Sieciech, voievode de Krakovie, qui, sans être ni prince ni ecclésiastique, gouverna le pays en ministre omnipotent.

C'est la première fois, dans l'histoire de la Pologne, que l'on voit un simple citoyen s'élever, par les services rendus au pays et la fermeté du caractère, à un rôle devant lequel s'efface l'autorité royale.

Sieciech réprima l'insurrection des Prussiens et des Poméraniens et voulut maintenir l'unité de l'État, — preuve d'un grand sens politique, — en s'opposant au partage territorial que Wladyslas avait décidé entre son fils naturel Zbignew (1) et son fils légitime, Boleslas Bouche-Torse. Cette application à la Pologne du système des apanages,

---

(1) Ce fils, d'après quelques historiens, aurait été légitime, mais serait né d'une femme de condition inférieure, c'est-à-dire d'une paysanne.

tel que le pratiquait la famille de Rurik, ne pouvait que devenir la source perpétuelle de guerres intestines. Pour épargner à sa patrie les dissensions dont la Russie était alors le théâtre, le voïevode de Krakovie prit les armes. Il infligea une défaite complète à Zbignew, qu'il obligea à se rendre prisonnier. Mais, les courtisans s'étant ligués contre lui avec les évêques, il fut vaincu à son tour et forcé de s'expatrier.

La double caste de nobles et de prêtres, qui s'était peu à peu installée autour des rois, voulait naturellement accaparer tous les emplois et toutes les dignités. Or, Sieciech, un parvenu, n'avait pas cessé de rechercher les hommes capables au milieu même de la classe des paysans. Sa patriotique impartialité lui valut l'hostilité implacable de la minorité dirigeante et déjà exclusive. Non-seulement Sieciech a été vaincu et banni, mais sa mémoire même a été calomniée par l'histoire, écrite jusqu'à présent en Pologne au point de vue purement aristocratique et clérical.

Le règne de Boleslas Bouche-Torse, qui

dura trente-sept ans, se passe soit en guerres civiles contre son frère Zbignew, qu'il finit par subjuguer et mettre à mort, soit en guerre étrangère contre les Tchékes, les Poméraniens et l'empereur Henri V.

La tradition s'est plu à embellir les exploits de cet éternel batailleur qui, pour expier son fraricide, accomplit plusieurs pèlerinages. Mais le pèlerinage de la Palestine, auquel notre illustre Mickiewicz ajoute une foi trop poétique, n'est pas mieux fondé que le récit de la victoire sur les Allemands en un endroit de la Silésie qui s'appelle Hundsfeld — le Champ des Chiens — nom qui proviendrait de la quantité de soldats impériaux tués, dont les meutes de chiens auraient dévoré les cadavres. De cette bataille si meurtrière aucun chroniqueur contemporain ne fait la moindre mention et le nom de Hundsfeld, comme dit Lelewel, s'explique parfaitement par le nombre de morts que l'armée de Henri V aurait abandonné dans sa retraite désastreuse après la levée du siége de Glogau, à l'arrivée opportune de **Wladyslas Bouche-de-Travers.**

Ce prince aurait dû apprendre par sa propre expérience combien est funeste aux gouvernants et aux gouvernés la division de la souveraineté nationale à la façon d'un simple héritage privé. Cependant il commet la même faute que son père, et il l'aggrave, partageant le pays entre ses quatre fils, Wladyslas, Boleslas, Mieczyslas et Henri.

Au plus jeune, Kazimir, il ne laissa rien. « Pourquoi cet oubli ? » lui demandait-on. — « Ce n'est pas un oubli, » répondit-il; « une voiture a quatre roues, qui sont réunies par un siége. » — C'était en quelque sorte une prophétie qui promettait au déshérité Kazimir la possession entière des quatre fragments de la Pologne. La prophétie mit du temps à s'accomplir, mais enfin elle s'accomplit, au bout des trente-quatre ans qu'embrassent les trois règnes de Wladyslas II, de Boleslas le Frisé et de Mieczyslas le Vieux (surnommé ainsi à cause de la gravité de ses poses).

Le règne de Kazimir, dit le Juste, débute par la convocation à Lenczyca d'une assemblée composée de hauts dignitaires ecclésiastiques et de quelques laïques.

Cette assemblée décrète que la couronne restera dans la ligne cadette des Piast, se succédant par ordre de primogéniture. Elle relève les paysans de quelques corvées vexatoires. Enfin, elle soumet toutes ses lois à la sanction du pape Alexandre III. Par où l'on voit combien dominait le clergé, soumettant toutes choses, sociales et nationales, à l'Église du Vatican.

De l'époque de ce synode date un changement important dans l'organisation de la Pologne. Un Sénat — qui d'abord ne devait être composé que d'évêques, mais dans lequel furent admis plus tard les voïevodes et les castelans — est établi en permanence auprès du roi. Celui-ci cesse d'être absolu; il ne peut plus agir *proprio motu*, comme par le passé; il est désormais obligé de consulter le Sénat. Mais la noblesse ou la szlachta ne donne pas encore le ton au gouvernement; le clergé seul participe au pouvoir législatif et absorbe entièrement, sous les souverains faibles, le pouvoir exécutif. Aux douzième et treizième siècles, la puissance la plus sacerdotale de l'Europe, c'est la Pologne.

Pourquoi Kazimir a-t-il été décoré du surnom de « Juste » ? Parce qu'il n'y a rien de plus juste aux yeux du clergé que de s'abandonner à sa direction absolue.

Après la mort de Kazimir, les annales polonaises présentent un chassé-croisé de rois tour à tour dépossédés et réintégrés par les évêques. Ainsi, sans égard pour les décisions de Lenczyca, Leszek « le Blanc » — appelé ainsi à cause de la couleur claire de ses cheveux, — fils de Kazimir, est détrôné parce qu'il déplaît à Pelka, évêque de Krakovie, jaloux de l'influence qu'avait sur le roi Goworek, voïevode de Sandomir. Wladislas, « aux jambes grêles », fils de Mieczyslas le Vieux, est mis à sa place. Mais il tombe en disgrâce auprès de Kietlicz, archevêque de Posen, qui l'excommunie, s'enfuit à Rome et laisse à Krakovie le germe d'une révolte par laquelle Wladyslas est congédié et Leszek rétabli. Ce dernier se contente de la possession de Krakovie et de quelques provinces limitrophes. « Par bonté d'âme », disent les chroniqueurs, il accorde le gouvernement de la Masovie à son frère Conrad.

— Triste « bonté d'âme », qui a été le point de départ de nombreuses calamités pour la Pologne et la source lointaine, mais réelle, de son affaiblissement et de son partage définitif!

Trop docile aux conseils de Christin, évêque *in partibus* en Prusse, Conrad engagea les Chevaliers teutoniques à s'établir dans cette région de païens, afin de les convertir et de les subjuguer.

Telle est l'origine catholique de la monarchie protestante de Frédéric II, agrandie par le démembrement de la Pologne et changée en empire d'Allemagne par la mutilation de la France!

Dans l'intervalle de la première à la deuxième croisade, des bourgeois de Brême et de Lubeck avaient fondé en Palestine, pour leurs compatriotes militants, un hôpital.

Les frères hospitaliers se transformèrent en une corporation à la fois guerrière et monacale en s'assimilant aux Templiers et aux chevaliers de Saint-Jean-de-Jérusalem. Une croix noire sur une tunique blanche leur donnait une tenue grave et sacrée.

Des monticules de Sion où ils s'étaient d'abord établis, ils se transportèrent en Europe avec leur quatrième grand-maître, Herman de Saltza. Ils s'arrêtèrent quelque temps à Venise, où la République ne leur fit pas un accueil empressé. Ils passèrent les Alpes, cherchant un établissement en Allemagne. Ils obtinrent de la générosité de plusieurs souverains des champs vastes et fertiles dans la Hesse et fondèrent leur résidence principale à Marienbourg.

C'est là que Conrad vint les engager à se transporter au milieu des Vends, de race slave, et des Prussiens, de race lithuanienne. Les conquêtes faites sur les païens devaient être partagées entre le prince de Masovie et les Chevaliers.

En cinquante ans, par le fer et le feu, les Chevaliers teutoniques accomplirent une tâche que les Piast, reculant devant les moyens trop extrêmes, n'avaient fait qu'entamer en trois siècles d'apostolat et d'escarmouches. Dans ce travail d'extermination les Teutoniques eurent pour auxiliaires les Porte-Glaive, qui reconnurent l'autorité supérieure du grand-maître de Marienbourg.

Vainqueurs des idolâtres, les moines-chevaliers ne tinrent aucun compte des clauses du contrat signé avec Conrad. Loin de se rappeler à qui ils devaient l'origine de leur puissance, pendant à peu près deux siècles, ils tournèrent leur rage d'extermination contre les Polonais eux-mêmes. Enfin, en 1466, ils passèrent avec le Jagellon Kazimir IV, un traité d'après lequel ils cédaient à la Pologne une parcelle de la Prusse occidentale, mais en se réservant toute la Prusse orientale.

Le trente-quatrième et dernier grand-maître de l'ordre Teutonique, Albert de Brandebourg, embrassa la foi de Luther et devint, en 1525, le fondateur de la dynastie qui règne de nos jours à Berlin. Ses descendants gardèrent le titre de ducs jusqu'à Frédéric Ier, qui prit celui de roi, et se fit reconnaître tel dans le traité d'Utrecht en 1713.

Seule, parmi les puissances, la Pologne protesta jusqu'en 1764, contre la royauté nouvelle dont elle devait être la victime, car c'est de Postdam qu'est partie la première pensée du partage de la Pologne.

La France a — elle aussi, pour son malheur — aidé beaucoup à la croissance de la Prusse par la fatale révocation de l'Édit de Nantes. Les huguenots proscrits n'ont pas peu contribué à faire de l'aiglon noir un aigle fort et vigoureux. Ils ont apporté aux bords de la Sprée et de l'Oder une merveilleuse industrie; ils ont développé et même, à certains égards, créé le commerce du pays; d'emblée, ils ont doublé la population de Berlin; ils ont assis les bases de cette éducation féconde d'où surgirent, sans parler des hommes de guerre, les penseurs, les savants et les hommes d'État : les Kant, les Humboldt, les Bismarck.

Frédéric-Guillaume I*er* a profité de l'aberration de Louis XIV, comme Herman de

Saltza de l'imprévoyance de Conrad de Masovie. Il a légué à son fils Frédéric II une excellente armée de 70,000 hommes. Avec cette armée, l'ami de Voltaire est devenu le César du dix-huitième siècle. Et, après César, Auguste est arrivé en 1870 pour se proclamer empereur dans la somptueuse résidence de l'époux de M^mo de Maintenon.

Quelle conséquence stupéfiante, mais naturelle, de la révocation de l'Édit de Nantes!

Pour les contemporains, l'histoire semble marcher au hasard, mais la logique y enchaîne tout, à travers la succession des âges. Les générations sont solidaires les unes des autres. Si cruelle que paraisse la loi mosaïque de l'expiation des fautes des ancêtres par les descendants, elle est inscrite dans chaque page des annales humaines. Il est dur de la constater, mais la nier, ce serait refuser d'admettre l'évidence. Telle erreur du présent, grosse de calamités dans l'avenir, pourrait, sans doute, être parfois atténuée ou rectifiée. Par malheur, il y a peu d'exemples de cures préventives opérées sur les nations par leurs tuteurs, prenant conscience des fautes commises et sachant les réparer à temps. Entrés dans une mauvaise voie, peuples ou individus ne reculent presque jamais. Trop souvent même, quoique avertis, éclairés, lorsqu'ils pourraient se sauver encore, ils paraissent se complaire à courir à leur perte.

Éprise de l'absurde système des apanages, la Pologne le maintint jusqu'à l'avénement au trône des Jagellon.
Sous Boleslas V, dit « le Pudibond », à cause de sa chasteté absolue envers son épouse, sainte Cunégonde, fille du roi de Hongrie, Béla IV, les Mogols, dix-sept ans après la défaite des princes de Ruthénie et de Grande-Russie à Kalka, envahirent les possessions polonaises (1241). Leurs hordes, divisées en trois colonnes, entrèrent à Lublin, à Sandomir et à Krakovie. Indigne d'avoir dans les veines le sang généreux de ses homonymes, Boleslas le Brave et Boleslas le

Hardi, celui qu'au lieu du pudique on aurait dû appeler l'impuissant ou l'inerte, prit honteusement la fuite et alla se cacher auprès de son beau-père, qui lui-même courut jusqu'en Dalmatie invoquer le secours des chevaliers de Rhodes.

A Lignitz, le prince de Breslau, Henri le Pieux, fils de Henri le Barbu, voulut tenir tête à l'invasion avec quarante mille hommes de troupes. Il fut battu à plate couture et mourut sur le champ d'honneur.

Mais cette défaite équivalait à une victoire, car les Mogols avaient éprouvé des pertes si sérieuses qu'ils jugèrent à propos de se retirer d'eux-mêmes.

Ils mirent neuf ans d'intervalle entre leur première et leur seconde apparition au milieu des Polonais, et les princes de Pologne s'abandonnèrent de plus belle à leurs divisions intestines.

Pendant que Boleslas le Pudibond, revenu de sa terreur panique, reprenait son gouvernement à Krakovie, un autre Boleslas était maître à Kalisz et à Posen. La Masovie était morcelée en sept États et la Silésie en quatre.

En même temps qu'ils s'attaquaient mutuellement, tous ces petits potentats étaient harassés par les incursions des chevaliers teutoniques, des margraves de Brandebourg, des Poméraniens, des Lithuaniens et des Kniaz de Halicz.

Les Mogols, revenant en Pologne en 1260, la ravagèrent pendant trois mois. Ils y réapparurent pour la troisième fois en 1287 et emportèrent avec eux un butin de vingt et un mille jeunes polonaises.

Leszek II le Noir, neveu de Boleslas le Pudibond, avait imité son oncle; il s'était au plus vite réfugié en Hongrie. Le danger passé, il revint prendre son fauteuil princier.

Réduits à la condition de simples roitelets, les Piast avaient, depuis cent ans, la modestie de se passer de la cérémonie du couronnement. Przemyslas la rétablit pendant son règne éphémère.

Wladislas le Nain brise la longue série des médiocrités régnantes. Il déploie une grande âme dans un petit corps et remonte, par son caractère, au niveau de ses plus illustres ancêtres du onzième siècle.

Vaclav, roi de Bohême, alléguant je ne sais quelle parenté avec les Piast, avait trouvé l'occasion opportune de s'annexer une partie de leurs domaines. C'était un ivrogne et un débauché. Mais, par sa dévotion, il s'était concilié la sympathie des évêques qui l'avaient proclamé roi et couronné à Gniezne. Un parti avait surgi, cependant, pour mettre en avant le vrai Piast. Wladyslas le Nain, vainqueur des Tchékes en maintes rencontres, était sur le point d'occuper Krakovie, dont la possession lui assurait la suprématie sur tous les apanages, lorsqu'il fut frappé d'excommunication par un évêque de Posen. Il se rendit à Rome, gagna le cœur du saint père, et en obtint d'être reconnu légitime roi de Pologne. Dès lors, il réussit à vaincre la malveillance de son clergé et à faire confirmer son autorité par un couronnement solennel.

Dompter les ennemis intérieurs, opposer une digue à la marée montante des Chevaliers teutoniques, réduire à néant les efforts des Tchèkes, rebelles à la décision pontificale, donner au pays l'unité depuis longtemps perdue et en faire une monarchie respectable et respectée, telle est la tâche de géant que conçut le Lokietek ou le Nain, et qu'il parvint à exécuter, tant par son courage guerrier que par son habileté politique.

Il s'assura deux appuis puissants contre l'Ordre teutonique, toujours aggressif, en mariant son fils Kazimir avec Aldona, fille du duc de Lithuanie, Gedymin, et sa sœur Élisabeth avec le roi de Hongrie. Ainsi renforcé par de puissantes alliances, il livra plusieurs batailles aux moines-chevaliers et remporta sur eux, en 1331, une victoire éclatante où, du côté des ennemis, le nombre des morts est porté à vingt mille hommes. Mais les bulletins de cette époque lointaine ne méritent guère plus de considération que nos bulletins modernes, soit dit en passant.

Ce qui est certain, c'est que le prévoyant Lokietek ne s'estima pas complétement satisfait de son triomphe; il savait avec quelle facilité l'Ordre teutonique réparait ses pertes par l'enrôlement de volontaires allemands, avides de pillage. La dernière recommandation qu'il fit en mourant à son fils Kazimir fut celle-ci : « Ne cesse de combattre ces « bandits, jusqu'à ce que tu leur aies fait « rendre toutes les terres léchites qu'ils ont « volées ! »

Ce sentiment de l'intégrité du territoire léchite ou polonais, le Lokietek l'avait dans le cœur comme les meilleurs de sa race. Mais l'usurpation étrangère, dans ces temps où le le mot de patrie n'avait pas acquis sa signification actuelle, ne répugnait ni au clergé ni à ce qu'on peut déjà appeler la noblesse.

Les évêques avaient pris fait et cause pour les Tchèkes contre les Piast. Un seigneur puissant songeait à livrer la Poméranie aux margraves de Brandebourg : transaction que préviennent les Chevaliers teutoniques en s'emparant de Dantzig pour leur propre compte. Un autre seigneur, Vincent de Szamutul, pousse la trahison plus loin : il s'entend avec le grand-maître de l'Ordre pour lui remettre captif le fils de son roi, celui qui devait devenir Kazimir le Grand.

Par bonheur, le complot est déjoué. Mais si l'on croit que le coupable fut puni, on se trompe. Pardonné, non par faiblesse, mais par politique, il est comblé des faveurs du roi et — chose étonnante — il efface presque son crime prémédité en contribuant à la victoire de Plowcy où périrent tant d'Allemands.

Wladislas le Nain, si indulgent dans cette circonstance, avait su jadis déployer une juste sévérité, lorsque l'évêque de Krakovie, Muscata, et Albert, guerrier d'origine allemande, qui déjà avait fait cause commune avec Vaclav de Hongrie, tentèrent d'ouvrir les portes de Krakovie à un prince de la Silésie, érigé en nouveau prétendant au trône polonais.

Comprendre quand il faut laisser libre cours à la justice et quand il faut user de clémence, c'est là un discernement que peu de souverains ont possédé, car rarement les détenteurs du pouvoir exécutif ont été dignes de leur haute mission.

Le Lokietek avait un tact exquis qu'il puisait dans son amour du bien public, dans son caractère bien pondéré, dans une sérénité d'esprit que ne troublaient jamais le caprice personnel ni l'instinct princier de l'arbitraire. Supérieur par l'intelligence à sa nation, il aurait pu vouloir soumettre ses sujets à sa dictature. De son propre chef, au contraire, il limita ses pouvoirs en convoquant à Chencin (1131) une assemblée délibérante, composée, non plus de prélats seulement, mais aussi de voïevodes.

Telle est la véritable origine du système représentatif en Pologne, qui se développa sous les Jagellon, forma les mœurs politiques du pays et prépara le gouvernement libéral, quoique défectueux, qui s'est appelé avec raison « République, » un roi électif n'étant qu'un président, *primus inter pares.*

La période que je viens de parcourir embrasse l'époque la plus ténébreuse du moyen âge. La civilisation antique des Grecs et des Romains était éteinte et le flambeau de la civilisation moderne ne s'était pas encore allumé au foyer de la Renaissance et de la Réforme. En Occident, comme en

Orient, la barbarie subsistait dans les lois, dans les mœurs, dans les coutumes.

Néanmoins, il devient visible que quelques nations commencent à vouloir se dégager de la nuit sombre dans laquelle végète l'humanité. La Pologne est déjà une de ces nations.

Elle se distingue entre toutes par l'absence complète d'un véritable tyran parmi ses dix-huit premiers princes, de Mieczyslas à Kazimir le Grand. Dans sa chronique royale ou princière, elle ne fournit pas cette série fatigante de meurtres, d'empoisonnements, d'énormités de toute espèce, qui se déroule en Italie et ailleurs.

Entrée dans le courant du monde germanique et latin, elle en diffère par un trait saillant : jamais la féodalité ne s'est établie dans son sein, malgré le voisinage de l'Allemagne, où cette organisation a été tellement vivace qu'il en reste encore de nos jours, par-ci par-là, quelques vestiges.

Cela étonne de prime abord, mais cela s'explique par le brusque passage de la commune slave au christianisme sans que, dans l'intervalle, un peuple conquérant se soit greffé sur un peuple conquis. Une caste guerrière d'où devait sortir la szlachta ou la noblesse se constitue ; elle relègue dans son village et s'efforce d'attacher à son champ le kmiec ou paysan, transformé de la sorte en être privé de droits politiques. Mais, comme cette caste guerrière avait toute la même origine, elle ne put établir dans son milieu ni des suzerains ni des vassaux : ce qui est le caractère de la féodalité.

Si plus tard des nobles pauvres s'attachent à des nobles riches appelés magnats, ces magnats n'eurent jamais légalement aucun droit coercitif sur leurs protégés. Le szlachcic, qui n'avait pour toute fortune que son cheval et son sabre, pouvait dire à l'opulent seigneur, quand il était mécontent de lui : « Je vaux autant que toi ! » et reprendre son indépendance entière.

Ce que les Polonais empruntèrent de bonne heure aux Allemands, c'est le *self-government* ou l'autonomie municipale des villes. Des trois familles de la race aryenne, la gréco-latine, la germaine et la slave, la dernière a toujours eu le moins d'esprit commercial et d'aptitudes industrielles. Novgorod le Grand fait exception à cette règle pour la Russie. La Pologne n'en offre aucune. Aussi, pour remplir les métiers utiles et lucratifs que négligeaient leurs habitants, les villes léchites se remplirent-elles d'Allemands, en attendant que les Juifs vinssent en partie supplanter ceux-ci comme marchands et banquiers. Ces étrangers, pour échapper aux abus de la force, aux vexations du fisc et à la juridiction indigène dans leurs transactions, se constituèrent en corporations semblables à celles qui existaient chez eux. Les rois et les princes Piast, afin d'augmenter la sécurité des émigrants qu'ils étaient désireux d'attirer dans leurs villes, sanctionnèrent ces ligues défensives par des chartes au moyen desquelles les négociants purent, en affaire litigieuse, faire appel aux tribunaux de Magdebourg et de Halle.

Voilà comment s'implantèrent à Krakovie et dans beaucoup d'autres cités, grandes et petites, ces lois teutoniques baptisées du nom de « lois magdebourgeoises », qui restèrent en vigueur jusqu'au partage de la Pologne et qui témoignent en faveur du caractère intelligent et libéral de son gouvernement héréditaire ou électif.

KAZIMIR LE GRAND

Król chłopków.
—
Le seul roi dont le peuple ait gardé la mémoire.

Le Roi des Paysans.

Quand un arbre vieilli ne vit plus que par une de ses branches, ordinairement celle-ci a une apparence étiolée, flétrie, mourante. De même, la plupart des dynasties royales finissent par quelque piteux rejeton.

Il n'en fut pas ainsi de la famille des Piast. Jamais elle ne se montra aussi saine, aussi pleine de sève et de vigueur qu'en la personne de Kazimir, son dernier représentant sur le trône polonais.

On peut dire de lui qu'il répandit plus de gloire sur sa race, à lui seul, qu'il n'en avait collectivement reçu d'une longue série d'ancêtres.

Gloire de bon aloi ! Il est du petit nombre de ces rois que la postérité proclame grands, non à cause du sang qu'ils ont prodigué sur les champs de bataille, mais à cause des existences qu'ils ont épargnées par leur modération, leur sagesse, leur humanité; non parce qu'ils ont accompli des exploits extraordinaires, mais parce qu'ils ont su bien gouverner; non pour s'être montrés toujours forts, mais pour n'avoir jamais oublié d'être justes.

Le président Montesquieu, emporté soudain par un enthousiasme lyrique, extraordinaire de sa part, commence un chapitre de l'Esprit des Lois, sur Alexandre de Macédoine, en disant : « Parlons-en à notre aise ! »

Le même sentiment nous domine, et il est mieux justifié. Le règne de Kazimir III, véritable oasis de l'histoire du moyen âge, est exempt de toute souillure. On y respire l'air pur des plus bienfaisantes vertus.

On ne saurait dire la même chose du fils de Philippe; sa gigantesque odyssée à travers le monde est certainement palpitante d'intérêt ; mais quels épouvantables épisodes : le supplice de Parménion et de Philotas, sans motifs sérieux, — le meurtre de Clitus dans une orgie, — et celui de Callisthène, coupable de quelques plaisanteries ! Triste héros, dont on croit atténuer les crimes en les attribuant à l'ivresse immonde ou à la méfiance affolée !

Que peut-on reprocher au fils de Lokietek ? — Rien, si ce n'est peut-être trop de tendresse pour les femmes, excusable faiblesse chez un chef d'État lorsqu'elle n'amène aucune perturbation dans le gouvernement du pays.

Kazimir fut investi du pouvoir suprême à dix-sept ans, au moment où la mort des princes apanagés et l'extinction de leurs familles avaient réuni en un corps presque compact les tronçons de l'héritage des Piast.

Seuls les princes Piast de la Silésie préférèrent annexer leurs domaines à la Bohême. Pour ne pas entamer une lutte qui promettait d'être longue et incertaine, le jeune roi renonça à ses droits sur une province destinée à rester tchéke pendant quelque temps, pour devenir ensuite allemande. Il obtint, en revanche, la renonciation du roi de Bohême au titre qu'il s'adjugeait de roi de Pologne.

Il montra le même esprit de conciliation à l'égard des Chevaliers teutoniques, usurpateurs de la Poméranie.

Il avait essayé de la leur arracher en vertu d'un décret du pape et au moyen d'un traité avec Robert, roi de Hongrie. Il avait reconnu comme son héritier Louis, le fils de ce roi et de la reine Elisabeth, à condition que la maison d'Anjou l'aiderait à reprendre un territoire qui rattachait par un vaste littoral la Pologne à la mer Baltique. Mais, comme les moines-chevaliers bravaient les foudres de Rome et étaient de force à repousser les armées austro-hongroises, Kazimir, avare du sang de ses sujets, chercha une transaction : il sacrifia la Poméranie en retour de la restitution de la Kuavie et du district de Dobrzyn.

Il en agissait ainsi, malgré les recommandations de Lokietek mourant. Il estimait que son royaume, dont les principales pièces venaient à peine d'être rattachées, avait besoin de la paix pour se consolider. Il pensait qu'une guerre malheureuse compromettrait l'ordre, la justice et le développement intellectuel, qu'il s'était donné pour mission d'organiser.

En vain ses guerriers, insatiables de combats, le pressaient-ils, au nom de l'honneur, de revendiquer à tout prix les droits de la couronne polonaise. Ni leurs exhortations ni leurs murmures ne réussirent à l'ébranler. Il montra la fermeté inflexible d'un véritable chef politique qui, au risque de devenir impopulaire, évite les aventures et marche à son but.

Réellement, c'eût été folie que de se heurter contre l'Ordre teutonique à une époque où il jouissait d'une formidable puissance militaire, dont le prestige s'était étendu sur toute la chevalerie d'Europe et lui amenait en masses des volontaires de toutes parts, y compris de France et d'Angleterre. Briser cette barrière d'acier eût été, sans doute, possible avec le concours spirituel de Rome et l'aide matériel de la Hongrie. Mais Kazimir, commençant par mettre à l'épreuve ces deux alliances, sentit vite qu'il ne pourrait compter jusqu'au bout ni sur l'une ni sur l'autre. Les historiens, qui lui reprochent encore aujourd'hui un traité qu'ils appellent humiliant, ne se rendent pas bien compte des circonstances qui rendaient ce traité nécessaire et même relativement avantageux.

En compensation de l'abandon de la Silésie à la Bohême et de la Poméranie aux Chevaliers teutoniques, le sage négociateur, se changeant à propos en conquérant, s'empara, par deux campagnes opportunes, de la Russie-Rouge ou Galicie et de la Volynie.

Il marcha sur Lwow, — le Lemberg actuel des Autrichiens, — pour venger la mort de Boleslas de Masovie, que les boïars du pays avaient appelé à régner sur eux et qu'ils avaient ensuite empoisonné. Ces boïars, malgré l'aide des Tatars, essuyèrent une défaite décisive à la bataille de Lublin, et leur pays, qui avait été un des apanages de la famille de Rurik, se fondit si bien avec la Pologne qu'il ne songea plus jamais à reprendre son autonomie première (1).

La Volynie, terre russienne ou ruthène, avait été conquise par les Lithuaniens, encore plongés dans leur culte polythéiste. Elle fut occupée avec le concours, cette fois efficace, du roi Louis de Hongrie; devenue partie intégrante de la Pologne, elle se polonisa d'une manière si complète que dans toutes les revendications contemporaines de la patrie subjuguée, elle s'est toujours montrée disposée à prendre les armes contre l'ennemi commun : le panslavisme moscovite.

A l'acquisition de la Volynie et de la Galicie, Kazimir ajouta la soumission de la principauté de Masovie, dont les princes, de

---

(1) Je me réserve de vous parler plus en détail, dans une autre lettre, de la Galicie, sur laquelle circulent les idées les plus erronées dans les livres comme dans les journaux : confusion que le gouvernement russe épaissit tant qu'il peut, afin de faire prévaloir des droits de possession, faussement déduits de l'histoire.

la famille Piast, avaient gardé jusqu'alors une indépendance absolue envers leurs parents, siégeant à Krakovie.

Une expédition contre les Moldaves (Valaques ou Roumains) fut la seule entreprise malheureuse de ce règne prospère. Elle ouvre la série des échecs que subit la Pologne toutes les fois qu'elle prétendit se mêler des querelles des hospodars entre eux. Si affligeante que pût être une défaite au milieu des forêts de la Bukovine, Kazimir ne s'acharna pas à poursuivre une expédition sans profit pour son peuple. Il prouva par là combien il était exempt de vanité vulgaire et à quel point il savait sacrifier son amour-propre personnel aux intérêts collectifs de sa nation.

Cette nation, il l'éleva dans l'estime de l'Europe à une hauteur qu'elle n'avait jamais encore atteinte.

Charles IV, empereur d'Allemagne, qu'il avait réconcilié avec la Hongrie, brigua l'honneur d'épouser sa nièce, Élisabeth de Poméranie, et vint à Krakovie accomplir la cérémonie nuptiale. Parmi les assistants, figurèrent Louis d'Anjou, roi de Hongrie, Voldemar III, roi de Danemark, et Pétrin de Lusignan, roi de Chypre, ainsi que beaucoup de princes allemands.

Sur la grand'place, ou le *Rynek*, étaient dressées des tables copieuses pour la multitude, amusée en même temps par des représentations mimiques et des jeux de toute espèce. *Panem et circenses,* comme à Rome.

Le trait saillant de ces vingt jours de fête fut le banquet offert par Wierzynek, trésorier de la couronne, le Rothschild de la Pologne de cette époque, qui ajouta au dîner le plus somptueux un dessert fort goûté des illustres convives : ce fut la distribution parmi les souverains, y compris l'empereur, de cent mille ducats d'or.

Krakovie, aujourd'hui triste et sombre, car elle porte plus qu'aucune autre cité polonaise le deuil de la patrie, était, du temps de Kazimir, brillante et gaie. Le commerce, l'industrie, les arts, la mettaient au niveau des capitales les plus civilisées. Sa population s'élevait à quatre-vingt mille âmes. Elle venait d'être dotée d'une grande Université, sur le modèle de celle de Paris. Elle était parsemée d'églises, dont le nombre, réduit à présent à 38, s'éleva jusqu'à 65. Elle étalait fièrement sur le Wavel, le Capitole des bords de la Vistule, un palais que les Autrichiens ont changé en caserne, et dans ce palais une cathédrale, heureusement respectée, et qui est un Panthéon national où de toutes parts accourent les Polonais pour pleurer sur leurs souvenirs et raviver leurs espérances.

On a dit de Kazimir qu'il avait trouvé la Pologne en bois et qu'il la laissait en marbre. Il était en effet un excellent architecte. Beaucoup de villages furent, par ses soins, métamorphosés en villes. Supérieur en tout, non-seulement à son pays, mais à l'Europe du quatorzième siècle, il devina les lois de l'hygiène moderne en établissant des rues larges et régulières, où l'air circule librement, des marchés vastes et commodes, des promenades agréablement ombragées. Le sentiment de ce que nous appelons « le comfort et le souci de la salubrité publique font de ce roi un édile de premier ordre.

Il fut aussi grand ingénieur à la manière romaine ; ses belles routes, multipliées à travers les provinces, développèrent énormément le commerce.

Les Polonais, qui se divisaient en batailleurs et en cultivateurs, négligeaient le négoce et l'industrie. On n'improvise pas, du jour au lendemain, une classe nécessaire au bien-être du pays avec des éléments indigènes qui sont récalcitrants ; il fallait songer à la former d'éléments plus favorables importés du dehors.

C'est ce que fit Kazimir, en offrant largement asile aux juifs, qui alors, dans tout le monde chrétien, étaient victimes des persécutions les plus barbares. Les priviléges que leur avait déjà accordés Mieczyslas le Vieux et Boleslas le Pieux (prince apanagé), furent accrus et généralisés. Ces malheureux, brûlés en Espagne, parqués dans des « ghetto » en Italie, indignement maltraités et proscrits ailleurs, trouvèrent en Pologne une nouvelle terre promise où ils purent professer en toute liberté leur croyance, aller et venir comme bon leur semblait, compter sur une justice équitable en cas d'injures et de vexations.

Un préjugé né de l'ignorance et du fanatisme les accusait partout, sans le moindre fondement, de voler les enfants chrétiens, afin de les immoler et de mêler leur sang au pain de pâques. En vain un pape éclairé avait-il, du haut de sa chaire pontificale, déclaré mensongère et calomnieuse cette incrimination. Elle se reproduisait avec persistance et amenait ou des exécutions iniques ou des massacres comme ceux que l'on a vus de nos jours dans la ville de Damas, en Syrie.

Kazimir le Grand décréta que le divulgateur des prétendus forfaits israélites serait passible de la peine de mort qu'aurait encourue l'accusé, convaincu du crime, et il rendit les procès en diffamation de cette espèce complétement impossibles, grâce aux formalités dont il les entoura. Sa législation égalitaire donnait la même force au témoignage du juif qu'à celui du chrétien et admettait au même titre le serment de l'un et de l'autre.

Protégé dans sa vie, le juif l'était aussi dans son honneur et dans sa dignité. Sa chevelure pendante, en boucles de chaque côté, ne pouvait pas être impunément tiraillée : c'était un délit pour lequel il obtenait une compensation pécuniaire ou toute autre satisfaction, à la discrétion du juge. Plus forte était naturellement la somme qu'il recevait en cas de blessure. Le meurtre d'un juif était puni de la confiscation de toute la fortune du coupable, dont la moitié revenait aux parents de la victime et l'autre moitié au Trésor.

Le statut de Kazimir le Grand, en faveur du peuple d'Israël, commence par ces mots : « O Juifs fidèles de nos domaines (*O fideles Judœi terrarum nostrarum !*) »

Dans ce style plein de sympathique commisération, le prélat Dlugosz découvrait, un siècle plus tard, comme une émanation de l'amour qui, dit ce chroniqueur peu galant, avait infecté tout le pays de son odeur nauséabonde.

La tolérance, n'en déplaise à l'évêque historien, n'avait pas besoin d'être surexcitée, chez le généreux souverain, par les caresses d'une maîtresse. Il la puisait à la fois dans son grand cœur et dans sa haute intelligence ; jamais il ne laissa passer une occasion de la répandre avec la prodigalité d'un roi vraiment humain.

Devenu maître de Lwow, il y trouva un certain nombre d'Arméniens qui s'y étaient réfugiés dans le onzième siècle. Ils professaient l'hérésie de Nestorius, laquelle sépare les deux natures de Jésus-Christ et prétend que Marie est la mère de Jésus et non la mère de Dieu. Le conquérant les accueillit avec faveur, garantit la liberté de leur croyance en leur permettant d'ériger une cathédrale et leur assura une parfaite autonomie législative, s'ils voulaient adhérer aux vieilles coutumes de leur patrie, ou bien les franchises municipales les plus étendues, s'ils préféraient jouir des lois de Magdebourg.

Les Arméniens acceptèrent la première alternative et persévérèrent sans aucune entrave dans leur subtilité théologique jusqu'en 1630.

A cette époque l'évêque Nicolas Toroszewicz établit l'union de l'Église grégorienne avec l'Église catholique romaine. Assimilés aujourd'hui aux habitants du pays par la langue et les usages, ces émigrés de l'Asie ne seraient en Galicie qu'au nombre de 2,400 individus. Mais il en existe d'autres groupes dans plusieurs parties de la vieille Pologne, notamment en Podolie. Le type arménien, si accentué par le nez aquilin, se conserve vivace et permanent; il se reconnaît encore à cause de mélanges sexuels, chez les membres de plus d'une noble famille polonaise.

De ce sang, comme du sang juif, découle l'esprit de calcul et des combinaisons financières.

L'oppression sous toutes ses formes choquait l'homme équitable auquel le hasard de la naissance avait mis un sceptre à la main.

Quoique libre en droit, le *kmiec* ou paysan polonais était exposé à toutes sortes d'avanies et d'abus qui, en réalité, faisaient de lui un fellah ou un paria. S'il se plaignait, on ne l'écoutait point, et souvent même la moindre récrimination servait de prétexte pour rendre plus lourde sur ses épaules la contrainte d'un travail mal rétribué.

Mais la justice que lui refusait le seigneur, il put avec confiance aller la demander au roi, si haut que fût placé le coupable. Comme un autre saint Louis, assis à l'ombre d'un arbre dans sa maison de plaisance de Lobzow, près de Krakovie, le Piast couronné était accessible au moindre de ses sujets.

Kazimir ne se contenta pas d'exercer cette attribution patriarcale, qui lui permettait de redresser des torts isolés et de sécher, de temps en temps, quelques larmes. Il entreprit de tarir la source même de la misère dégradante des classes laborieuses par une large mesure législative.

Sur son appel, une assemblée, composée d'évêques, de fonctionnaires publics, de seigneurs territoriaux et de députés des villes, se réunit à Wisliça. Elle reconnut au kmiec la faculté de passer d'une terre à une autre, lui garantit son avoir et le mit sur la voie d'acquérir la noblesse, c'est-à-dire la plénitude des droits inhérents à l'homme libre. Elle s'efforça d'empêcher une espèce de servage illégal que les propriétaires laïques ou sacerdotaux tendaient à organiser, à l'instar de l'Allemagne, où le cultivateur était attaché à la glèbe. Elle appliqua des peines aux fraudes et sévices des propriétaires envers les paysans, dont la condition fut ainsi améliorée d'une manière très-sensible.

Cette mémorable assemblée de Wisliça confirma le choix qu'avait fait Kazimir de Louis de Hongrie pour son successeur; elle stipula que dorénavant le trône serait électif et que les diètes suivantes voteraient les impôts demandés par le gouvernement en contrôlant les dépenses.

Loin de ne vouloir rien céder de ses prérogatives, comme la plupart des pasteurs de peuples, Kazimir, de son plein gré, établissait la division du pouvoir exécutif avec le pouvoir législatif, inaugurait le régime représentatif et dotait la nation polonaise de ce « self-government » qui, cinq siècles après lui, rencontre encore tant d'obstacles à son établissement définitif en Europe.

Et pendant que la Pologne se lançait à pleines voiles dans la voie de la liberté, la Moscovie marchait vers le despotisme le plus illimité !

Avec Kazimir le Grand commence, pour le peuple polonais, la période dite florissante ou prospère de son histoire, qui se prolonge jusqu'à la mort d'Étienne Batory, de 1333 jusqu'en 1586.

L'inaugurateur de cette période, après un règne de trente-sept ans, mourut trop tôt, à l'âge de soixante ans, d'une chute de cheval.

Trop tôt pour la noblesse et le clergé, qui n'eurent pas le temps de se pénétrer, l'une du sentiment de l'équité, l'autre du sentiment de la tolérance : les deux grands principes sur lesquels le meilleur des rois voulait fonder la grandeur de sa nation !

Trop tôt surtout pour les masses laborieuses dont il aurait voulu faire l'éducation, en leur inculquant dans sa plénitude le sentiment de la dignité humaine : ce qui lui valut, de la part des classes supérieures, le sobriquet de *Roi des Paysans !*

Est-il une plus belle gloire que cette injure? Je n'en connais pas dans l'histoire. Elle rayonne sur le dernier des Piast d'un éclat incomparable, en ajoutant au titre de Grand une majesté toute spéciale.

Aussi sur cette tombe de marbre rouge que le voyageur cherche avant tout dans la cathédrale de Krakovie et qui porte l'effigie de l'ami des opprimés, on a vu, nous dit Thadée Czacki, les paysans aller en pèlerinage, verser des pleurs et souvent appeler contre la tyrannie seigneuriale l'aide de leur protecteur qui, hélas ! ne pouvait plus aire entendre sa voix comme à la diète de Wisliça, dont les actes étaient libellés ainsi :

« Nous....., avons ordonné, de concert avec les prélats, les barons, les nobles et *Nos Sujets*.....»

LA RÉFORME

EN POLOGNE

Dans tous les temps, les vrais sages et les grands penseurs ont proclamé la justice d'un Dieu unique, l'immortalité de l'âme et la responsabilité humaine. C'est là toute la doctrine des Socinus et des Channing. On doit ranger parmi les unitaires Newton et J.-J. Rousseau, Franklin et Jefferson, Napoléon et Mazzini.

Si vous voulez qu'on respecte vos convictions, respectez celles des autres.

I

Le progrès vers l'unitarisme.

Le darwinisme est une hypothèse très-ingénieuse; mais ses adeptes ou prétendus tels en tirent une conséquence déplorable qui n'est jamais entrée dans la pensée du naturaliste anglais, lorsqu'ils supposent que la matière s'est procréée elle-même.

L'atome, pris comme point de départ, n'a pu se développer spontanément par sa propre puissance. La force créatrice est l'attribut de l'être suprême, et Celui qui a su faire un atome a pu aussi facilement créer d'emblée l'Univers, avec toutes les créatures vivantes. Voilà la théorie que la raison universelle nous impose.

Des sophismes plus ou moins subtils viennent de temps en temps l'ébranler, mais elle résiste à toutes les chicanes des beaux esprits et reste enracinée dans l'intelligence humaine, malgré Épicure et son école sans cesse renaissante.

On est séduit par moments, en lisant les vers admirables de Lucrèce, mais, après avoir réfléchi, on objecte toujours : « Vos atomes, loin d'abolir Dieu, le supposent nécessairement. » On arrive à la même conclusion avec Darwin, quand on s'est laissé promener de métamorphose en métamorphose par cet Ovide de la science moderne.

Que l'humanité descende d'un couple ou de plusieurs couples, cela importe fort peu. La race blanche, la race jaune, la race noire, même si elles ont eu des berceaux différents, n'en constituent pas moins une espèce homogène par les attributs qui les distinguent de toutes les autres espèces de la création.

Ce qui ouvre entre le genre humain et le genre purement animal un abîme infranchissable, c'est la croyance en un Dieu et en une âme, d'où découlent et l'idée du devoir et l'idée du droit. Qu'une telle croyance, générale dans l'humanité, provienne d'une intuition intérieure ou d'une révélation extérieure, transmise par quelques individus aux masses, peu importe encore ! Il suffit de la constater pour comprendre le lien d'indissoluble parenté qui rattache le sauvage au civilisé.

L'aborigène d'Amérique adore, au milieu des prairies et des forêts, sous le nom de Grand-Esprit, l'Être tout-puissant en l'honneur duquel s'élèvent tant de synagogues, tant d'Églises, tant de temples, tant de mosquées — et il admet pour l'âme une prolongation d'existence après la mort.

L'histoire d'aucune nation ne remonte à une antiquité aussi reculée que l'histoire des Chinois. Mais ce n'est pas là qu'il faut chercher les origines de la civilisation moderne. Elle commence — on peut le dire — au patriarche Abraham, personnage historique, et non légendaire, comme les patriarches qui l'ont précédé. Quand la Genèse nous raconte qu'il fut présent au sacrifice en l'honneur du Très-Haut, accompli par Melchisédek (1), ce n'est pas là une fiction, mais un fait qui s'est réellement passé. On y constate le monothéisme primitif de l'Orient, avec ses prêtres et la dîme imposée aux croyants pour leur entretien. Le livre de Job, dont l'antiquité doit être très-grande, est une autre précieuse relique du culte d'un seul Dieu, qu'on voit poindre également dans quelques « papyrus » qui remontent peut-être au delà de l'époque d'Abraham.

Ce culte se perdit ensuite sous les élucubrations populaires. Moïse et Zoroastre ou Zerduscht en furent les restaurateurs. Le premier l'établit dans toute sa pureté, le second avec l'alliage de la lutte des deux principes.

Le Décalogue est la Charte morale de l'humanité, charte d'où proviennent tous les codes anciens ou modernes. C'est la base des

---

(1) Melchisédek, Malek el Gadyk, en arabe, veut dire : Roi des Sages, ou grand pontife.

religions mosaïque, chrétienne et mahométane, qu'on appelle avec raison les trois filles de la Bible. Le Décalogue a pour complément le Talmud chez les israélites, l'Évangile chez les disciples de Jésus, et le Koran chez les musulmans.

Dès l'époque de Constantin, la foi chrétienne se divise en foi trinitaire et en foi unitaire. Après de longues persécutions mutuelles, la foi trinitaire, dite catholique, triompha de la foi unitaire, dite arienne.

Vaincue en Europe, cette dernière se réfugia en Asie et contribua au développement de l'islam. Remise en honneur par Servet et Socinus, elle revit aujourd'hui en Angleterre et en Amérique, ainsi qu'en France, où elle s'appelle le protestantisme libéral.

Les trois filles de la Bible comptent ensemble environ cinq cent millions d'adeptes, auxquels s'ajoutent trois cent mille parsis, héritiers de l'enseignement de Zoroastre, dont la doctrine s'est infiltrée dans le christianisme et a produit les Manichéens, les Bogoumiles et les Albigeois. De la même source, mais corrompue, est sortie, au milieu du monde musulman, la croyance des Kurdes, qui, attribuant plus de puissance à l'esprit du mal qu'à l'esprit du bien, ne rendent hommage qu'à Ahrimane et négligent Ormuzd.

On a découvert, de nos jours, dans le Céleste-Empire un certain nombre de Chinois adhérant à la loi de Moïse, dont on porte le chiffre de cent mille à un million.

Un demi-milliard de monothéistes ne constitue guère qu'un peu plus du tiers de la population du globe. Le reste est encore plongé, en grande partie, dans les ténèbres du polythéisme, mais aspire à s'en dégager progressivement. L'époque n'est pas éloignée où toute l'Amérique et toute l'Océanie appartiendront, comme l'Europe, au christianisme autoritaire ou philosophique, tandis que l'islam, enraciné dans le sol de l'Asie, tend de plus en plus à faire la conquête de l'Afrique.

La persuasion est l'unique moyen de propagande admis par l'Évangile, supérieur surtout en ceci au Koran, qui, relativement tolérant vis-à-vis des adorateurs d'un seul Dieu, soit chrétiens, soit juifs, permet l'extermination des idolâtres. A ce titre, et par un déplorable malentendu, furent massacrés par millions les habitants de la Perse avec leurs mages.

Quoique manichéenne, la religion de Zoroastre était, au fond, monothéiste, car Ormuzd doit finir par triompher d'Ahrimane.

Les chrétiens, il est vrai, ne se sont que trop souvent écartés du précepte de leur divin maître. On connaît les rigueurs de Théodose, ainsi que celles de Charlemagne. On frémit d'horreur au récit des cruautés espagnoles dans le Nouveau-Monde et des « auto-da-fé » périodiques, où les juifs, les musulmans, les hérétiques et les libres-penseurs étaient brûlés, après avoir passé par les plus affreuses tortures. La France a sur sa conscience, devant l'histoire, les massacres des Vaudois et des Albigeois, la Saint-Barthélemy, la révocation de l'édit de Nantes, et les Dragonnades. L'Allemagne, l'Angleterre, l'Italie ont aussi de terribles reproches à se faire au point de vue de l'intolérance religieuse.

Et maintenant que toute l'Europe civilisée est sortie de ces errements, seule la Russie y persévère, en imposant par la force aux Grecs unis l'orthodoxie de son tsar : violence barbare qui met ce vaste empire en contradiction flagrante avec toutes les puissances policées.

La Pologne s'est imbue de bonne heure et plus profondément que n'importe quel pays de cet esprit de mansuétude, en matière de religion, qui fait la gloire de notre époque et caractérise la civilisation issue de 1789 et du Code Napoléon. Au sein même de la barbarie universelle, elle se présente comme une terre de refuge ouverte à toutes les croyances.

Dès le douzième siècle elle abritait les Juifs persécutés partout ailleurs; au treizième, elle recevait des Vaudois, des Albigeois, des Flagellants; au quatorzième, elle recueillait des Dulciniens, dont le fondateur Dulcini ou Dulcinus avait été brûlé avec sa femme à Vercelli, par ordre du pape Clément V. Ces sectaires, qui s'appelèrent entre eux « les frères et les sœurs de l'Esprit libre, » auraient sans doute pu vivre tranquilles dans la Silésie, alors polonaise, si la puissance romaine n'avait pas institué contre eux des inquisiteurs impitoyables qui les extirpèrent par le fer et le feu, en les accusant d'une foule d'abominations. On peut dire qu'ils furent victimes non d'une persécution indigène, mais d'une persécution étrangère, devant laquelle pliaient, plus ou moins, au moyen âge, les peuples et les rois de l'Europe catholique.

En Pologne, les masses, malgré leur ignorance, n'avaient rien du fanatisme des nations latines. Les Piast, quoique intimidés par l'exemple de Boleslas le Hardi, ne vivaient pas toujours en parfaite intelligence avec les évêques, et les hauts dignitaires ecclésiastiques eux-mêmes s'attiraient parfois le reproche de manquer de zèle au service du Saint-Siége.

Par exemple, nous voyons, vers la fin du quatorzième siècle, l'évêque de Gnezne permettre dans son diocèse à un Tchéke hérésiarque, Militch, de proclamer impunément la prochaine venue de l'Antéchrist, identifié avec le pape, et mériter ainsi une rude semonce de la part de Grégoire XI.

Quelques années plus tard, Jérôme de Prague, le disciple dévoué de Jean Huss, recevait, en Lithuanie, l'accueil le plus amical de la part de Witold. Il l'accompagnait dans son voyage de Vitepsk, « où il fléchissait le genou, — dit le réquisitoire du concile de Constance, — devant les fausses reliques et les images des infidèles, et affirmait que la secte des Ruthènes et leur religion étaient parfaites. » De ce contact naquirent, dans l'âme du cousin de Wladyslas Jagellon, un vif penchant pour la réforme tchéke et la sympathie qu'il manifesta ensuite envers les hussites.

Si la chose n'avait dépendu que de lui, l'union de la Bohême avec la Pologne et la Lithuanie se serait accomplie; les offres de Ziska eussent été acceptées et un même sceptre eût formé de trois États un empire puissant, contre lequel se seraient brisés tous les efforts du germanisme. Witold était un des plus grands politiques de son temps. Mieux qu'aucun de ses contemporains il sentait qu'à la victoire de Grünwald sur l'ennemi allemand, dans le Nord, il était urgent d'ajouter des succès décisifs dans le Sud. Comme nous le révèle aujourd'hui l'histoire, sous une lutte théologique se cachait une lutte nationale. En adoptant les idées de Huss, la Pologne eût pris, au centre de la civilisation, une importance égale à celle que les idées de Luther donnèrent plus tard à l'Allemagne.

Les nations ne grandissent sur la surface du globe qu'en proportion des progrès qu'elles apportent à l'humanité entière. Or, le progrès se manifeste surtout par le développement religieux.

Certes, Witold ne pouvait, à son époque, s'élever à de si hautes appréciations philosophiques. Mais il aurait voulu agir comme si, par une merveilleuse perception de l'avenir, il avait saisi toutes les tristes conséquences que devait entraîner l'abstention polonaise dans les guerres des hussites, si vaillamment conduites par Ziska et Procope. Plus jeune, il serait parti en guerre lui-même; il ne réussit, au milieu des hésitations du roi Wladyslas, qu'à envoyer au secours des deux héros tchèkes son neveu Koribut, à la tête de 5,000 cavaliers. C'était une intervention insuffisante. Le clergé, d'ailleurs, travaillant dans l'intérêt de Rome plutôt que dans celui de la patrie, empêcha l'époux d'Hedvige de joindre une troisième couronne aux deux couronnes qu'il portait déjà. Ce qui prépara l'écrasement de la Bohême et le triomphe de la maison impériale d'Autriche, si funeste à tous les Slaves.

Le pape Martin V, le même qui fit brûler les restes de Wiclef, enseignait qu'il n'y avait à garder aucune bonne foi vis-à-vis des hérétiques. Il écrivait à Witold, au moment où celui-ci promettait aux Tchèkes de soutenir leur cause :

« Si tu t'es engagé de quelque manière que
« ce soit à soutenir les Hussites, apprends
« que tu as eu tort de prendre des engage-
« ments avec les hérétiques, et qu'en les

« accomplissant tu commettras un péché
« mortel, car le fidèle ne doit avoir aucun
« rapport avec l'infidèle. »

Witold répondit au Saint-Père, en le priant de révoquer l'excommunication lancée contre les novateurs de la Bohême, et d'adopter à l'égard de ces frères chrétiens une politique paternelle. Quant au traité conclu avec eux, il comptait le maintenir, avec sa loyauté et sa fermeté habituelles.

Zbigniew Olésnicki, l'évêque de Krakovie, soudard sans peur ni scrupule, poussait néanmoins l'ordre équestre à se ruer sur la Bohême pour y combattre Koribut lui-même ; il vilipendait le roi comme étant hussite au fond du cœur, et l'obligeait de renvoyer de la cour un astronome tchéke, entaché de la croyance nouvelle. Un autre évêque, plus violent encore, André de Buina, s'emparait par capitulation de la ville de Sbonszyn et se faisait livrer cinq prédicateurs hussites qu'il jetait au feu dans un auto-da-fé solennel.

C'est l'unique méfait de ce genre que cite Valérien Krasinski dans son histoire de la

Réforme en Pologne. Cependant le concile de Piotrkow, en 1532, sur la proposition de l'archevêque Mathieu Drzewicki, recommandait au clergé d'user de la rigueur « espagnole » (sic) envers les hérétiques. Mais ce vœu ne put être converti en mesure d'État. La loi polonaise : *neminem captivare permittimus nisi jure victum* avait été promulguée depuis un siècle, en 1431, et l'ordre équestre maintenait la liberté individuelle et la liberté de conscience, en gardien vigilant des libertés publiques.

La religion de Jean Huss conquit des adeptes qui la professèrent ouvertement, soit en Pologne, soit en Lithuanie. Parmi eux se distinguait Spitek Melsztynski. Les catholiques réussirent à le faire exclure du Sénat, mais, pour se venger de Zbigniew Olésnicki, il ravagea les propriétés de cet évêque de Krakovie et s'empara de la ville de Zator, qu'il ne consentit à rendre au roi que moyennant une rançon de mille marcs. Il reprit les armes une seconde fois contre le gouvernement, mais de connivence avec la régente

Sophie, la veuve de Wladyslas Jagellon et la mère d'un autre Wladyslas qui devait périr sous Varna. La princesse partageait les opinions théologiques de Melsztynski et désirait leur triomphe. Cette éventualité semblait dépendre alors de la possession de la capitale qui résista, et bientôt l'intrépide champion du martyr de Constance perdit la vie sur le champ de bataille.

L'union de la Bohême avec la Pologne, vainement tentée sous Wladyslas Jagellon, faillit encore s'accomplir sous son fils Kazimir IV, élu roi par le parti hussite. Elle échoua en face de l'opposition du parti catholique, favorable à Albert d'Autriche. Il en résulta une transaction par laquelle Podiebrad l'emporta sur les deux concurrents. Il eut pour successeur Wladyslas, fils de Kazimir IV.

Les deux pays, de 1471 à 1525, gouvernés par la même dynastie, quoique sous des souverains différents, jouirent l'un et l'autre d'un régime où la pensée prit une libre expansion. La forme la plus modérée de la prédication de Huss s'était accommodée officiellement en Bohême avec une apparente reconnaissance de la suprématie romaine. Podiebrad et la nation, en majeure partie, adoptèrent l'enseignement des Calixtins.

Cependant les Taborites, devenus les frères Bohêmes, et plus tard les frères Moraves, purent conserver la foi qui enflammait les Ziska et les Procope : foi devenue pacifique après avoir été guerrière. A l'avénement au trône de la dynastie autrichienne, la persécution força cette secte, pleine de vertus vraiment chrétiennes, à opérer son exode de la terre natale. Elle émigra, avec ses principaux ministres, en Pologne. Elle trouva dans Sigismond-Auguste un roi plein de sympathique tolérance, et la classe des nobles, qui comprenait la dixième partie de la nation entière, lui fournit une foule de néophytes. Parmi les grandes familles, on cite les Leszczynski et les Ostrorog comme les ardents protecteurs des frères Bohêmes. Grâce à ces magnats, les expatriés fondèrent bientôt plus de quatre-vingts églises dans la Grande-

Pologne seule, et des congrégations florissantes dans les autres provinces...

Durant les vingt-quatre années de règne de Sigismond-Auguste, le pays sembla plus d'une fois à la veille d'embrasser la réforme religieuse telle que la prêchaient Luther et Calvin. Le roi lui-même correspondait avec ce dernier, dont il lisait avec plaisir les *Institutions chrétiennes*, ce qui lui attirait du pape Paul IV des remontrances consignées dans cette lettre curieuse :

« S'il faut croire les rapports qui m'ar-
« rivent, je dois ressentir la plus profonde
« douleur et même douter de votre salut et
« de celui de votre royaume.

« Vous favorisez les hérétiques ; vous
« assistez à leurs sermons ; vous vous
« délectez dans leur conversation ; vous les
« admettez dans votre familiarité et à votre
« table ; vous recevez leurs lettres et vous
« leur répondez. Vous permettez la circula-
« tion de leurs livres, rehaussés par des
« dédicaces à votre personne. Vous ne pro-
« hibez en aucune façon ni les assemblées

« ni les conciliabules, ni les prédications des
« hérétiques.

« N'êtes-vous pas, par conséquent, le pro-
« tecteur des rebelles et des ennemis de
« l'Église catholique ; car, au lieu de les
« combattre, vous les soutenez ?

« La meilleure preuve de votre affection
« pour les infidèles n'est-elle pas dans les
« hautes dignités que vous leur accordez,
« contrairement à votre serment et aux lois
« de l'État ?

« En effet, vous vivifiez, vous nourrissez et
« vous propagez l'hérésie par les faveurs
« dont vous êtes prodigue envers elle. Vous
« avez nommé, sans attendre la confirmation
« du siége apostolique, l'évêque de Chelm à
« l'épiscopat de Kuiavie, quoiqu'il soit
« infecté des plus abominables erreurs. Le
« prince Radziwill, le défenseur et le chef de
« l'hérésie, est investi par vous des fonctions
« les plus importantes et les plus élevées. Il
« est chancelier de Lithuanie, palatin de
« Vilna, le plus intime ami public et privé
« du roi : il est, en quelque sorte, le régent
« du royaume et un second monarque.

« Vous avez aboli la juridiction de l'Église
« et vous avez sanctionné un acte de la diète
« qui permet à chacun d'entendre les prêches
« et de professer la croyance qu'il lui con-
« vient de choisir. Jean Laski et Vergerius
« sont arrivés par vos ordres dans le pays.
« Vous avez donné aux habitants d'Elbing
« et de Dantzig l'autorisation de supprimer
« la religion catholique.

« Si mon admonestation contre de tels
« crimes et de tels scandales est dédaignée,
« je serai obligé de recourir à des moyens
« plus efficaces.

« Vous devez complétement changer de
« conduite.

« Ne donnez pas votre confiance à ceux
« qui veulent la révolte contre l'Église et
« la vraie religion ; exécutez les ordon-
« nances de vos pieux ancêtres. Abolissez
« les innovations qui ont été introduites dans
« vos États ; restituez à l'Église la juridic-
« tion suspendue ; reprenez aux hérétiques
« les églises qu'ils ont usurpées ; renvoyez
« du pays les prédicateurs qui l'infectent.

« Quel besoin avez-vous d'attendre un

« concile général, quand vous avez tous
« les moyens nécessaires pour extirper
« l'hérésie ?

« Si, cependant, la présente admonition
« reste sans effet, nous serons obligé de
« faire usage des armes que le Siége aposto-
« lique n'emploie jamais en vain contre les
« rebelles obstinés vis-à-vis de son autorité.
« Dieu nous est témoin que nous n'avons
« rien négligé; mais, comme nos lettres, nos
« ambassades, nos avertissements et nos
« prières ont été sans résultat, nous aurons
« recours à la plus extrême sévérité. »

Cette lettre pontificale donne une idée très-exacte de la situation religieuse de la Pologne et de la disposition d'esprit de Sigismond-Auguste.

Sur l'injonction de la diète, le roi fit parvenir au Concile de Trente les cinq vœux que voici :

1° La messe en langue nationale;

2° La communion sous les deux espèces;

3° Le mariage des prêtres;

4° L'abolition des annates;

5° La convocation d'un concile national pour la réforme des abus et la conciliation des différentes sectes.

Les luthériens étaient devenus très-nombreux dans les villes de la Poméranie et même dans les deux Pologues, la Grande et la Petite. Leur croyance, qu'adoptèrent les Gorka et les Zborowski, se répandit principalement parmi la bourgeoisie, d'origine allemande presque tout entière.

La noblesse manifesta beaucoup plus de penchant d'abord pour les dogmes de Calvin, ensuite pour ceux de Socinus. Nicolas Radziwill, dont le pape Caraffa parle avec tant d'indignation, fut le grand promoteur de l'Église de Genève. Beau-frère du roi, il en était l'ami et le confident. Il reçut de Charles-Quint le titre de prince de l'Empire. Il passait pour le plus parfait « gentleman » de son temps. Sa propagande protestante fut si active qu'il ne resta bientôt plus en Samogitie que huit prêtres desservant le culte catholique. Il bâtit dans la capitale de la Lithuanie une magnifique église réformée et publia, en 1564, la fameuse Bible in-folio de Brzesc, qui porte son nom. Dans ce travail, il s'aida des lumières de Jean Laski, neveu d'un archevêque de Gnezne et un des hommes les plus remarqués du seizième siècle par la profondeur de son érudition théologique, la variété de ses connaissances et son ardeur à réunir en un faisceau toutes les doctrines anti-romaines.

La Bible de Radziwill est traduite avec une grande pureté de langage. Comme celle de Luther, elle est un véritable monument littéraire. L'édition princeps en est devenue excessivement rare. Les fils de Nicolas Radziwill, rentrés dans le giron du catholicisme, ont fait brûler tous les exemplaires qu'ils parvinrent à ramasser.

Nicolas Radziwill, qu'on appelle « le Noir », eut un héritier de ses opinions religieuses dans son cousin Radziwill, commandant en chef des troupes lithuaniennes, qui, avec le même prénom, se distingue par l'épithète de « Rufus. » La branche de celui-ci, aujourd'hui éteinte, persévéra dans la confession de Calvin et lui fournit encore plusieurs zélés protecteurs.

A l'exemple des Radziwill, les riches magnats rivalisaient d'ardeur pour propager et établir le protestantisme en Pologne et en Lithuanie. Il n'y avait guère parmi eux de chaleureux défenseurs de la suprématie du Saint-Siége ; au moment où la Diète de Lublin scellait, par un acte mémorable, en 1569, l'union définitive des deux pays. Jean Zamoyski, le plus illustre des patriciens, celui que l'histoire appelle le Grand, âgé alors de vingt-huit ans, avait lui-même professé, dans sa première jeunesse, la doctrine de Genève et avait pris une part sérieuse au synode réformé de Bychava (1560). Redevenu catholique par suite d'un séjour en Italie, jamais il ne donna son appui aux mesures de répression et de compression que recommandèrent tour à tour les deux légats du pape Lippomani et Commendoni. La tolérance la plus large était toujours sûre de trouver en lui un ferme soutien : « Je donnerais, — dit-il un jour, — la moitié de ma vie pour voir les non-catholiques revenir au giron de l'Église catholique romaine, mais j'aimerais mieux sacrifier ma vie entière plutôt que d'admettre la contrainte en matière religieuse envers qui que ce soit. Plutôt mourir sur-le-champ que de souscrire à une si odieuse tyrannie ! »

Une grande partie du clergé lui-même sympathisait avec le mouvement réformateur. Le primat du royaume, Uchanski, archevêque de Gnezne, se préparait à jouer, auprès de Sigismond-Auguste, le rôle que Cranmer, archevêque de Cantorbéry, avait rempli auprès d'Henri VIII, dans le divorce de l'Angleterre avec la papauté. De même que le père Hyacinthe Loyson, un chanoine célèbre par son éloquence, Orzechowski ou Orichovius, se mariait publiquement et persistait à se dire catholique, tournant en ridicule les décrets de Rome. Aux réprimandes menaçantes du pape Jules III, il répondait d'une façon à la fois énergique et plaisante :

« Prenez bien en considération, Jules,
« avec quel homme vous aurez à faire. Ce

« ne sera pas avec un Italien, en vérité, mais
« avec un *Roussine* (Ruthène); non avec un
« de vos humbles sujets papalins, mais avec
« le citoyen d'un royaume où le monarque
« lui-même est obligé d'obéir à la loi.

« Vous pourrez me condamner à mort, si
« cela vous plaît, mais ce ne sera pas fait de
« moi. Le roi n'exécutera pas votre sentence.
« La cause sera soumise à la Diète.

« Vos Romains plient les genoux devant
« votre nombreuse valetaille ; ils portent
« sur leurs cous le joug dégradant de vos
« scribes.

« Mais tel n'est pas notre cas : la loi, chez
« nous, est au-dessus du trône.

« Le roi, notre seigneur, ne peut pas ce
« qu'il veut; il doit faire ce que prescrit la
« loi. Il ne dira pas, aussitôt que vous lui
« aurez fait signe du doigt, en faisant luire à
« ses yeux l'anneau du pêcheur :

« — Stanislas Orzechowski, le pape Jules
« désire que vous soyez exilé ; vous n'avez
« qu'à partir !

« Il ne dira pas cela, car il n'est pas auto-
« risé à bannir ou à emprisonner personne,

« sans le jugement et la condamnation par un tribunal compétent. »

Les publications d'Orichovius furent mises à *l'index* et les défenseurs du saint siége l'appelèrent *suppôt de Satan*.

Leur colère ne fit qu'augmenter son ardeur réformatrice. Il établit, dans un ouvrage dédié au roi Sigismond-Auguste, qu'un évêque catholique romain ne doit pas être investi de la dignité sénatoriale, « parce que le serment qu'il prête au pape avant de jurer fidélité au roi et à la nation, en fait nécessairement un traître et un espion, au service d'une puissance étrangère. »

A la diète de 1559, Ossolinski, s'inspirant des arguments d'Orzechowski, présente une loi qui tendait à exclure les hauts fonctionnaires ecclésiastiques de l'assemblée, où ils siégeaient de droit. Le primat Uchanski, quoique premier archevêque du pays, se montra favorable à la motion, mais les habiles intrigues du cardinal Commendoni, le légat du pape, la firent échouer.

Ce Commendoni, habile politique, détourna le roi d'adhérer à une transformation qui n'allait à rien moins qu'à faire, d'un État clérical, un État à la moderne, complétement laïque. Il lui conseilla de réserver à un synode national le soin de régler, d'une manière générale, et les litiges religieux et la situation du clergé en Pologne.

Quoique protestant *in petto*, Sigismond-Auguste, comme la plupart des Jagellon, avait beaucoup d'hésitation dans le caractère. Sa politique le portait trop souvent à ne pas comprendre l'urgence des décisions radicales. La peur de soulever des mécontentements d'un côté ou d'un autre l'arrêtait quand il fallait agir. Depuis longtemps, il se leurrait de l'illusion qu'un synode national aplanirait toutes les difficultés, et il attendait le moment opportun de convoquer cette convention religieuse, qu'il se proposait de présider.

Commendoni eut aussi le talent de faire renvoyer aux calendes grecques la docte réunion, car il convenait d'attendre, disait-il, que les dissidents, divisés en plusieurs sectes, mutuellement hostiles, pussent présenter un programme commun : autrement, il y aurait un tel conflit d'idées divergentes, que la majesté royale se compromettrait au milieu de discussions désordonnées et sans résultat.

L'argument, renouvelé à plusieurs reprises, fut d'autant plus puissant sur l'esprit de Sigismond-Auguste, que le désordre dans le camp de la Réforme le justifiait jusqu'à un certain point.

Après plusieurs colloques, les frères Bohêmes et les calvinistes arrivèrent à une profession de foi commune, mais cette profession de foi fut repoussée par les luthériens. Ces trois sectes ne s'accordèrent que sur un point : mettre au ban du christianisme la doctrine unitaire des sociniens.

Pour en revenir à Orzechowski, il n'obtint pas, comme on l'a répété si souvent, la permission de rester marié et de dire la messe en latin, grâce à une bulle de Rome, commençant par les mots : « *Tibi soli*. » Il perdit sa femme, et, cet obstacle écarté, il se mit, avec une rare versatilité d'esprit, à défendre la cause qu'il avait combattue.

Orzechowski avait été l'élève de Mélanchton et le correspondant d'Érasme dont il possédait la verve quasi voltairienne. Son éloquence lui avait mérité le surnom de « Démosthènes polonais. »

On prétend que son retour au giron de l'Église catholique fut facilité à l'aide de ces séductions personnelles auxquelles le célèbre orateur athénien ne fut pas toujours insensible. Mais aucune influence ne réussit auprès de Nicolas Rey, le grand écrivain de l'époque, que Mickiewicz compare à Montaigne. Celui-ci demeura inébranlable dans son attachement aux dogmes de Genève, et, sous ses auspices, l'âge d'or de la poésie et de la prose polonaise s'ouvre avec une teinte fortement marquée de protestantisme.

Les frères Bohêmes, les luthériens, les calvinistes battaient en brèche l'édifice catholique, en Pologne, quand apparurent les unitaires ou sociniens. Ils surgirent d'une association secrète organisée au sein de l'université de Krakovie par le père Lismanini, moine italien et confesseur de la reine Bona Sforza. Ce prêtre, imbu des idées de Servet, les propageait dans un cénacle où apparut bientôt Lœlius Socinus, qui visita le pays en 1551 et encouragea l'enseignement antitrinitaire, dont un autre de ses compatriotes, le professeur d'hébreu Stancari, était l'ardent adepte.

Le premier Polonais de marque ouvertement socinien fut Goniondzki, autrement Pierre Gonesius. Il affirma la stricte unité de Dieu, au sein d'un synode de calvinistes en 1556. Ses collègues épouvantés l'envoyèrent discuter avec Melanchton. Mais il revint de l'entretien tel qu'il était parti, accentua encore davantage ses idées dans le synode de Brzesc, en 1558, et se fit exclure de l'Église helvétique.

Cette expulsion ne tarda pas à lui attirer beaucoup d'adeptes, et, parmi ceux-ci, un très-riche magnat, Jean Kiszka, commandant en chef des troupes de Lithuanie. En 1565, l'Église unitaire était fondée. Elle avait ses synodes, ses écoles, son organisation ecclésiastique. Elle résumait de la manière suivante sa profession de foi :

« Dieu a créé le Christ, le plus parfait des « prophètes, venu pour corriger l'ancien « ordre des choses. Le Saint-Esprit n'est pas « Dieu ; c'est un don de persuasion que « le Christ a possédé dans toute sa pléni- « tude. »

Les premiers unitaires en Pologne baptisaient seulement les adultes et ressemblaient aux quakers par le rejet du serment et la défense de soumettre leurs différents aux tribunaux de l'État.

Faustin Socinus, le neveu de Lœlius, vint à Krakovie, sous le règne d'Étienne Batory, en 1579. Il épousa la fille de Christophe Morsztyn. Cette union le mit en rapport avec la meilleure société polonaise, où la croyance unitaire gagna de nombreux soutiens parmi les réformés aussi bien que parmi les catholiques.

Doué d'une haute intelligence, pratiquant toutes les vertus chrétiennes, aussi persuasif avec la parole qu'avec la plume Faustin

Socinus acquit une influence prépondérante dans les synodes, concilia toutes les divergences et fut le véritable organisateur en Pologne du christianisme ramené à sa simplicité évangélique.

Comme Channing, au dix-neuvième siècle, de l'autre côté de l'Océan, il semblait avoir résolu le difficile problème de mettre la foi en harmonie avec la raison.

La doctrine n'était pas nouvelle. Arius l'avait prêchée sous une forme platonicienne. Eusèbe, le pieux évêque de Césarée, l'avait favorisée et fait prévaloir dans l'esprit de Constantin. Le savant Servet, médecin espagnol, venait depuis peu d'années de la sceller de son martyre, après l'avoir clairement exposée dans deux livres : *De Trinitatis Erroribus* (1531) — *Christianismi restitutio* (1553) — où, par parenthèse, à propos de l'âme, il affirmait la circulation du sang, démontrée soixante ans plus tard par Harvey.

Socinus appartenait à une riche famille patricienne de Sienne et François de Médicis, le grand-duc régnant de Toscane, l'avait honoré de son amitié. Cela rehaussait beaucoup son importance au sein d'une nation nobiliaire.

Il vivait à Krakovie ou dans les environs, entouré du respect général, quand un jour une réaction brutale d'étudiants ameuta contre lui la populace, qui envahit sa maison, saccagea sa bibliothèque, le maltraita lui-même, et l'aurait écharpé, sans le secours opportun de trois professeurs de l'Université, — tous les trois, il faut le dire à leur louange, appartenant au clergé catholique, mais n'en partageant pas l'intolérance.

Pour ne plus s'exposer à de telles aménités de la part de quelques jeunes gens turbulents, Socinus, qui poussait l'esprit pacifique jusqu'à se refuser le droit d'employer la force contre la violence, se réfugia dans une retraite champêtre à Luklawice, chez Adam Blonski. Il y mourut en 1604, après avoir séjourné vingt-cinq ans en Pologne. Sa fille unique épousa Wyszowaty, gentilhomme lithuanien, et mit au monde l'écrivain du même nom, célèbre par son érudition et ses controverses avec Leibnitz.

Les sociniens, devenant de plus en plus nombreux, eurent plusieurs colloques avec les autres réformés. Mais ils ne réussirent pas à établir une entente cordiale qui, dès le seizième siècle, aurait doté la Pologne de la liberté religieuse, — telle qu'elle n'existe, même aujourd'hui, qu'aux États-Unis d'Amérique.

Formant un faisceau, le protestantisme eût pu résister à toutes les attaques intérieures si habilement dirigées. Il aurait mis la patrie de Kazimir le Grand à la tête de la civilisation et prévenu contre elle une coalition étrangère au nom de la tolérance des cultes : prétexte qui s'appuyait malheureusement sur des faits trop réels, relevés avec perfidie par Frédéric le Grand et Catherine II.

Les unitaires polonais, pendant leur existence d'un siécle, ont jeté un vif éclat sur l'histoire de leur patrie, par la culture des lettres et des sciences. Ils s'attachèrent surtout à propager les écoles et déployèrent dans l'enseignement une supériorité marquée sur les concurrents qui leur succédèrent sans pouvoir les remplacer.

Leur principal collége, établi à Rakow, dans la propriété de la famille Sieninski, mérita à cette bourgade du Palatinat de Sandomir le surnom d'Athènes Sarmate. Des professeurs de premier ordre, soit indigènes, soit étrangers, y attirèrent les jeunes gens des meilleures familles du pays, protestants ou catholiques.

Là fut mise en pratique l'idée féconde et utile qu'a préconisée plus tard Rousseau dans son *Émile* : d'apprendre à chaque élève un art ou un métier lucratif, — sage prévoyance trop négligée encore de notre temps et sans laquelle toute éducation, si brillante qu'elle soit, reste incomplète.

Rakow eut une imprimerie qui multipliait et répandait avec une incessante activité, non-seulement les livres de la doctrine socinienne, mais aussi les bons ouvrages dans toutes les branches des connaissances humaines.

Ce rayonnement littéraire attira le commerce et l'industrie. La petite bourgade, fondée en 1569, prenait les proportions d'une importante cité, quand, en 1638, un malheureux incident provoqua sa ruine totale. Deux jeunes écoliers se permirent de lancer des pierres contre une croix érigée au milieu de la campagne. Cet acte répréhensible fut vite transformé, par les ennemis et les envieux de Rakow, en un sacrilège digne des plus affreux châtiments. A l'instigation de Zadzik, évêque de Krakovie, le Sénat, par un jugement inique, fit retomber la responsabilité du délit des deux élèves du collége sur le collége tout entier, et ordonna la destruction de cet établissement, avec son imprimerie et son église. La sentence barbare fut exécutée à la lettre, malgré Wladyslas IV, aussi impuissant à protéger les protestants que les schismatiques, contre l'intolérance religieuse qui provoquait à la fois la révolte des Kozaks et préparait l'anéantissement des unitaires.

Depuis dix-huit ans, la métropole de l'avant-garde des réformés, ramenée au catholicisme, n'était plus — comme l'a dit un écrivain de l'époque — que l'ombre d'un grand nom : *magni nominis umbra,* lorsque la Diète de 1658 décréta le bannissement en masse de la « secte d'Arius. » Aux proscrits, les meilleurs et les plus utiles citoyens du pays, un délai de trois ans, réduit bientôt à deux, était donné pour se chercher une patrie nouvelle ou se convertir, et la peine de mort devait ensuite atteindre ceux qui ne se seraient pas soumis.

En vain un socinien intrépide, le nonce Tobie Szwanski, s'opposa-t-il à l'acte d'iniquité, en usant du *liberum veto,* — innovation récemment introduite dans la constitution. C'est la seule fois que l'exercice de ce droit dangereux aurait pu servir la cause de la justice et de la liberté, et c'est la seule fois qu'il demeura stérile. Ni les catholiques ni les protestants de l'école de Calvin ne tinrent compte de l'opposition de leur collègue. La Diète passa outre.

Jean Kazimir, ex-jésuite et ex-cardinal, avait fait le vœu, en montant sur le trône après Wladyslas IV, d'extirper de son royaume toutes les hérésies. Cette détermination avait enflammé le zèle des champions du Saint-Siége et terrifié ses adversaires. Parmi ceux-ci, comme il arrive toujours en pareil cas, les modérés ou les timides, oubliant la logique des principes qui les unissaient aux avancés, ne se souvinrent que des divergences qui les séparaient. Les protestants trinitaires, loin de soutenir les protestants unitaires, au nom de la libre conscience, les abandonnèrent à la vengeance de l'adversaire commun du protestantisme.

Quand l'unitarisme fut extirpé de la Pologne, il y avait juste un siècle que s'était accompli, dans Genève, l'auto-da-fé de Servet, comme le montre le rapprochement des deux années 1558 et 1658. L'illustre victime de Calvin méritait un autre centenaire !

Avec la hache du bourreau suspendue sur leurs têtes, les sociniens se hâtèrent de vendre à vil prix leurs propriétés et allèrent se réfugier en Hongrie, en Transylvanie, en Prusse et dans les Pays-Bas.

Le prince Boguslaw Radziwill, qui avait marié sa fille avec un prince de Brandebourg, fils du Grand-Électeur, obtint, pour quelques-uns des proscrits, l'autorisation de s'établir sur les frontières de la patrie délaissée, à Rutow et à Andreaswalde. Cette colonie put vivre exempte de persécutions, mais elle finit par se fondre avec d'autres sectes de la Réforme.

En 1838, au dire de V. Krasinski, il ne restait en Prusse, parmi les descendants des expulsés, qu'un Morsztyn et un Schlichtyng qui adhérassent encore fermement à l'enseignement de Socinus.

La réaction romaine fit une guerre impitoyable à la littérature unitaire. Après avoir fermé les écoles, elle brûla les bibliothèques, entre autres celle de Lubienicki, l'auteur, en latin, de la meilleure histoire de la Réforme polonaise (*Historia reformationis polonicæ, Freistadt, 1685*), forcé lui-même d'aller terminer sa vie docte et laborieuse loin du sol natal.

Recherchés et confisqués partout, les livres sociniens ou censés tels, étaient détruits par les moines, les curés et les évêques. Ainsi est devenue excessivement rare l'excellente traduction de la Bible en langue polonaise, par Budny (1570-1572), un érudit remarquable qui, par les notes explicatives qu'il a jointes à son travail, doit être considéré comme un des précurseurs de l'exégèse moderne.

Heureusement, depuis la précieuse découverte de Gutenberg, il n'est plus au pouvoir d'aucune opinion triomphante d'étouffer complétement l'expression d'une opinion abattue. Le plus important répertoire de la foi unitaire en Pologne, *Bibliotheca fratrum Polonorum,* a été imprimé en Hollande et a traversé l'Atlantique. De sa lecture est née, dans la Nouvelle-Angleterre, une congrégation qui a eu pour ministres Channing et Parker, et qui compte aujourd'hui parmi ses adhérents les esprits les plus lumineux et les citoyens les plus probes des États-Unis.

Formant avec les quakers une noble exception parmi toutes les sectes chrétiennes du Nouveau-Monde, jamais les unitaires n'ont pactisé avec l'esclavage. De leurs rangs sont sortis les abolitionnistes ardents, intrépides, infatigables. Ils ont su faire pénétrer la morale dans la politique, et c'est à eux surtout que la grande république américaine doit de s'être lavée d'une souillure dont la honte rejaillissait sur l'humanité entière.

Combien également eût été fécond, en Pologne, l'enseignement de Rakow, s'il n'avait été brusquement interrompu !

II

La Réaction ultramontaine.

La milice de Loyola, dont vous êtes, mon révérend Père, une des gloires, est venue fort à propos, comme on l'a dit, pour sauver le catholicisme. Toujours sur la brèche, elle l'a défendu avec le dévouement le plus infatigable et la stratégie la plus savante contre des attaques sans cesse renouvelées. Devant elle, en Pologne, la Réforme, qui paraissait toute-puissante, a été forcée de reculer et a fini par être vaincue.

Vers la fin du règne de Sigismond-Auguste, mort en 1572, le Vatican n'avait plus, de l'Oder au Dnieper, que des champions découragés. Presque toute la grande noblesse lui était hostile, ainsi que la bourgeoisie des villes. Le clergé, — le primat en tête, — n'attendait qu'un signe du roi pour s'affranchir de Rome. Dès lors, se serait opérée une évolution religieuse, qui aurait passé par-dessus les deux formules de Luther et de Calvin, pour se fixer dans la formule la mieux appropriée à l'esprit slave : celle de Socinus (1).

La religion unitaire, telle que la Pologne l'a montrée au monde, se rattache, si l'on veut, à l'arianisme qu'elle simplifie, de même qu'à la croyance intime des sages de l'antiquité qu'elle confirme. Cette religion, par sa sobriété même, semblait convenir à une race dont l'imagination n'est pas exubérante comme celle des Grecs et des Latins, et qui n'a jamais cherché, ni en métaphysique ni en politique, d'ingénieux raffinements.

Maîtresse des villes, elle aurait gagné les

---

(1) « Les évêques — dit Mickiewicz, dans son *Cours de littérature des Slaves* — trouvaient la nouvelle religion très-commode : on leur laissait la possession de leurs terres ; quelques-uns se mariaient, tout en conservant leurs évêchés. »

campagnes, aussitôt que les seigneurs se seraient décidés à travailler à l'émancipation intellectuelle de leurs paysans. La Samogitie, convertie un moment presque entière par les Radziwill au protestantisme de Calvin, prouve combien la classe rurale était disposée à embrasser la Réforme. Entre les Églises protestantes, la moins compliquée par les dogmes et par le culte, c'est-à-dire la plus slave, avait évidemment toutes les chances de prévaloir.

Peu s'en est fallu que Sigismond-Auguste, nullement attaché à Rome, ne sortît enfin de ses hésitations et n'entraînât à sa suite toute la nation. En sa personne menaçait de s'éteindre la dynastie des Jagellon, où la couronne élective, depuis Kazimir le Grand, passait cependant de père en fils par une hérédité chaque fois consentie. Il avait été marié d'abord avec Elisabeth d'Autriche, fille de Ferdinand, roi de Hongrie et nièce de Charles-Quint. Cette princesse détestée, on ne sait trop pourquoi, par Bona Sforza, sa belle-mère, mourut, dit-on, empoisonnée. Tel fut aussi le sort de cette poétique Barbe Radziwill que Sigismond-Auguste épousa ensuite. En troisièmes noces, il s'unit avec Catherine, duchesse de Mantoue, sœur de sa première femme et veuve de François Gonzague. Ce dernier mariage menaçait de rester stérile, comme les deux premiers, d'autant plus que la reine, toujours malade, inspirait au roi un profond dégoût. Ostrorog, au nom des Réformés, proposa un divorce qu'appuyait le primat Uchanski et qu'approuvait le Sénat. Mais Commendoni, le légat du pape, ayant l'exemple d'Henri VIII sous les yeux, trembla de voir en Pologne, comme en Angleterre, surgir, de la rupture d'un lien conjugal, une rupture avec l'Église romaine. Il était plus que probable que le Saint-Père, qui avait donné la dispense pour l'accomplissement du troisième mariage royal, ne voudrait pas se rétracter. Sur cela, en effet, comptaient les protestants pour irriter Sigismond-Auguste et précipiter sa séparation publique du catholicisme, duquel sa conscience était entièrement dégagée.

Le moment était critique. Commendoni réussit à écarter le danger non en se livrant à des raisonnements théologiques, mais en démontrant au roi que le renvoi de Catherine de Mantoue indignerait son père l'empereur Ferdinand, qui s'allierait à la Moscovie et fomenterait contre la Pologne une ligue formidable.

Le dernier des Jagellon, ayant les faiblesses comme les vertus de sa race, céda, les larmes aux yeux, à l'éloquence persuasive du légat, par crainte de voir fondre sur la patrie polono-lithuanienne une guerre sanglante. Il garda une compagne odieuse et se maintint dans une fidélité provisoire, sur laquelle Rome ne devait plus beaucoup compter. Entouré de protestants, il donnait à la Réforme des preuves de plus en plus effectives de sa vive sympathie lorsque la mort le surprit à l'âge de cinquante-deux ans, après vingt-quatre ans de règne.

Si c'est le cardinal Commendoni qui conserva le roi Sigismond-Auguste dans l'obédience au Vatican, c'est le cardinal Hosius qui provoqua la réaction au sein du clergé, de la noblesse, du pays entier, déjà si profondément engagé dans la Réforme. Le succès presque inespéré qu'il obtint fut dû, plus encore qu'à ses talents transcendants, à l'habileté des auxiliaires auxquels il ouvrit les portes de la Pologne, de la Lithuanie et de la Ruthénie.

Hosius était doué d'une de ces intelligences devant lesquelles on est forcé de s'incliner. Comme Joseph de Maistre, il commandait le respect à ceux même dont il soulevait l'indignation. L'histoire aime à s'arrêter sur les caractères de cette trempe vigoureuse qui l'ensemencent et la fécondent en suscitant des événements d'une haute portée.

Stanislas Hosen, qui latinisa son nom, naquit, à Krakovie, suivant les uns, à Vilna, suivant les autres, d'une famille originairement allemande. Elle appartenait à la bourgeoisie aisée. Son éducation s'acheva en Italie. Il revint de Padoue et de Bologne docteur en droit. Entré dans l'ordre ecclésiastique, il obtint la protection de la reine Bona, qui le fit nommer chanoine. De bonne heure il se distingua par sa haine contre le protestantisme, mais il la déguisa d'abord, « avec la prudence du serpent », comme dit son biographe Recius. Ses qualités diplomatiques lui valurent, à l'âge de quarante-cinq ans, l'évêché de Chelm et une mission importante auprès de l'empereur Charles-Quint, qu'il s'agissait de mettre en garde contre les intrigues des Chevaliers teutoniques. Il déjoua les manœuvres prussiennes, et fut appelé, afin de mieux les surveiller, à l'évêché de Warmie, dans la Prusse polonaise.

Là il commence une lutte acharnée avec les luthériens, dont il ne parvient pas cependant à empêcher la rapide propagande. D'une activité dévorante, il assiste à toutes les diètes, à tous les conciles provinciaux ; il inonde de lettres les curés, les évêques, le roi et le pape, dictant — raconte-t-on — comme César, à plusieurs secrétaires en même temps et en trois langues. Avec cela, il publie en latin des écrits qui deviennent classiques et se répandent par toute l'Europe:

Confessio catholicæ fidei christianæ, — De Communione sub utroque specie, — De sacerdotum conjugio, — De missâ vulgari linguâ celebrandâ, etc.

Comme polémiste, il a, pour se rendre populaire, un verve bouffonne qui rappelle quelquefois celle de Luther. Par exemple, voici de quelle façon il apostrophe la noblesse réformée :

« O mon peuple de bonnes gens, si vous êtes décidés à faire des folies, soyez fous, mais restez au moins Polonais. Vous faut-il une religion nouvelle? Cherchez-vous un Dieu? Vous avez parmi vous Grégoire de Masovie; déifiez-le : vous aurez une bonne petite église masovienne. Si vous voulez une croyance commode, large, une chaussure enfin qui ne vous gêne point, prenez les sabots de votre compatriote Grégoire. Quel besoin avez-vous de faire venir des pantoufles de Genève et de Wittemberg? »

Aucun scrupule sur les moyens n'arrêtait Hosius dans la poursuite de son but : l'extinction des hérésies. Il se serait estimé heureux d'introduire dans son pays la Sainte-Inquisition ou de reproduire le massacre de la Saint-Barthélemy. Cette affreuse tuerie eut son approbation complète. Il écrivit à ce sujet une lettre célèbre au cardinal de Lorraine, fils du duc de Guise, dit le Balafré, où il le complimente sur le meurtre de l'amiral de Coligny, glorifie l'extermination des Huguenots, en remercie la Providence et souhaite à la Pologne une semblable bonne fortune.

« Ce n'est pas, avait-il dit dans une autre
« occasion, par des paroles, mais par la force
« qu'il faut ramener à la vraie foi ceux qui
« s'en écartent. » Maxime trop souvent pratiquée dans le seizième siècle, non-seulement par les catholiques, mais aussi par les protestants. Il a fallu tout le travail philosophique du dix-huitième siècle, déployant la bannière de la tolérance mutuelle, pour rendre les uns moins acerbes dans leur exclusivisme, les autres plus conséquents avec la liberté de conscience qu'ils apportaient au monde. Aujourd'hui, Luther ne prêcherait pas l'assassinat des anabaptistes, Calvin ne brûlerait pas Servet, Hosius ne

demanderait pas la répétition d'un crime collectif qui, accompli sur les bords de la Seine, faisait verser des larmes aux mères polonaises sur les bords de la Vistule; nobles et saintes larmes, dont la patrie des Piast et des Jagellon a le droit d'être fière, dans l'histoire, au milieu de la pétrification des meilleurs seniments humains.

Pendant qu'on se disputait avec acharnement sur les dogmes, on perdait de vue toute morale humaine, et la compassion s'éteignait même chez le sexe qui en a le plus besoin. Après Marie la sanguinaire, Élisabeth offrait à l'Angleterre une reine impitoyable. Catherine de Médicis ne reculait devant aucun crime utile à sa politique ultramontaine. Bona Sforza, heureusement sans faire école, pratiquait dans l'ombre l'art des empoisonnements, qu'elle avait importé d'Italie, où cet art se déployait sur une grande échelle. Aux deux extrémités de l'Europe, trônaient sur des cadavres les deux tyrans les plus complets de tous les temps : Philippe II en Espagne, Ivan le Terrible en Moscovie ; et, au lieu d'inspirer de l'horreur, ils obtenaient le respect de leurs sujets stupéfiés ! Ce respect servile a laissé une si profonde trace à travers les siècles, qu'on retrouve de nos jours, à Madrid comme à Moscou et à Saint-Pétersbourg, des admirateurs et des apologistes de Philippe et d'Ivan !

Au seizième siècle, comme dans le nôtre, s'accomplissait une de ces évolutions générales de l'humanité, où l'avenir tend à se dégager du passé. Alors se dressaient, ainsi que se dressent à présent, en face des promoteurs hardis d'un ordre de choses nouveau, les gardiens vigilants de l'ordre de choses établi. C'était une lutte acharnée, semblable à celle dont nous sommes les témoins, et, jusqu'à un certain point, tous plus ou moins les acteurs. Des deux côtés les convictions fortes bouillonnaient. Le génie ne préservait pas des passions qu'alimente le combat, et le rôle d'un Hosius s'explique pour nous, quoique nous jugions sa théorie intransigeante contraire à la mansuétude évangélique.

Hosius était un homme profondément sincère dans sa foi catholique. Hors de l'Église de Rome, il n'y avait pas dans sa pensée de salut possible. « Sans cette Église, l'Écriture-Sainte elle-même, » disait-il, « n'a pas plus de valeur que les fables d'Ésope. » A ses yeux, l'autorité pontificale du Vatican était « la seule sanction de la vérité. » Néanmoins, il ne se gênait guère pour contredire le pape, et un jour il écrivit à Paul IV :

« J'entends dire que le Saint-Père trouble
« la politique anglaise et française et qu'il
« lève des troupes pour la guerre. Que le
« Saint-Père cesse enfin de faire le général ! »

« Venez à Rome, » lui répondit le Souverain Pontife, « et vous comprendrez ma
« conduite. »

Hosius ne manqua pas de se rendre à l'appel et reçut le chapeau de cardinal.

Principal instigateur du concile de Trente, il le présida de manière à s'attirer une immense considération et dans l'assemblée et au dehors. Rentré dans son diocèse, il se convainquit que tous ses efforts en vue d'une extirpation rapide de l'hérésie seraient stériles, puisque le gouvernement et la nation se refusaient soit à admettre une Inquisition, soit à laisser faire une Saint-Barthélemy. Mais, faute de ces moyens héroïques, dont l'impétueux prélat aurait fièrement assumé la responsabilité et qui, d'après lui, auraient guéri la génération présente, il chercha s'il n'y aurait pas au moins quelque méthode curative de débarrasser du virus hérétique avec lenteur, mais certitude, les générations futures. Il prévit que l'ordre religieux de saint Ignace de Loyola serait un Esculape à la hauteur d'une tâche si ardue. C'est pourquoi il l'introduisit en Pologne et lui légua l'œuvre de conversion, dans laquelle ses puissants et persévérants efforts personnels avaient échoué.

Lainez, le successeur immédiat du blessé de Pampelune, avait déjà sondé le terrain. Dix-huit ans après la fondation de la compagnie de Jésus, il avait envoyé aux bords de la Vistule le père Canisius, provincial d'Allemagne. Mais celui-ci, après s'être entretenu avec quelques évêques, rentra dans Vienne sans avoir obtenu de sa mission aucun résultat. Six ans plus tard, le cardinal Hosius engageait Lainez à renouveler sa tentative et se chargeait lui-même de doter le premier collége des Jésuites, établi par ses soins à Brauensberg en 1565.

Ainsi s'implanta, dans un petit coin de la Pologne, cette éducation ultramontaine qui projeta ensuite ses branches sur toute la surface du pays et le couvrit comme un gigantesque *banyan*, à l'ombre duquel s'étiolent et dépérissent tous les autres arbres ou arbrisseaux.

Pressentant sans doute le triomphe de sa croyance sur le schisme et les hérésies, Hosius alla s'éteindre dans la Ville-Éternelle et put dire en mourant, à l'âge de soixante-seize ans : *Nunc dimitte servum tuum!*

Sans favoriser les Jésuites, Sigismond-Auguste leur avait permis de s'établir à Pultusk et à Vilna. Dès leur arrivée, ils s'insinuèrent dans les bonnes grâces d'Anne, sœur du roi. Elle se déclara leur protectrice, et, à son exemple, beaucoup de grandes dames déployèrent pour eux une active propagande. Parmi ces dévotes zélées, on cite

Catherine Wapowska, Catherine Tenczyńska, Barbe Zamoyska, née Tarnowska, Anne Ostrog et une Catherine Uchanska, de la famille du primat Uchanski. Ce dernier, après la mort de Sigismond-Auguste, s'arrangea pour vivre dans les meilleurs termes possibles avec les enfants de saint Ignace. Le prélat perspicace sentait bien qu'avec le dernier Jagellon disparaissait l'espoir d'une Pologne officiellement protestante, à l'inauguration de laquelle il aurait si volontiers présidé.

Une guerre à mort est désormais engagée entre la Réforme et la réaction catholique. Celle-ci va reprendre lentement, mais sûrement, toutes les positions qu'elle a perdues. Après deux siècles de combats, l'intolérance religieuse triomphera complétement de la liberté de conscience; mais cette victoire aura tellement épuisé les forces nationales, que la Pologne ressemblera à un cadavre lorsque trois vautours se rueront sur elle pour la dépecer.

En attendant l'heure funèbre, la Réforme

put croire plus d'une fois qu'elle reprendrait le dessus sur ses adversaires. Vaine illusion !

Un acte d'égalité parfaite entre les cultes fut promulgué par la diète de Varsovie, le 6 janvier 1573, pendant l'interrègne qui suivit l'extinction de la dynastie des Jagellon.

Dans ce document, modelé sur la *paix d'Augsbourg* de 1555, on ne se sert pas des mots « sécurité, tolérance ou protection »; on proclame la « paix des dissidents », *pax dissidentium*, c'est-à-dire que l'on place sur le même rang les catholiques, les grecs et les protestants. Par « dissidents », on entendait tous les chrétiens. Cette dernière qualification fut détournée de son sens primitif, à mesure que les catholiques reprirent le dessus, et finit par ne s'appliquer qu'aux « séparatistes », c'est-à-dire aux schismatiques et aux réformés, lorsque les cours copartageantes s'attribuèrent ironiquement le devoir et le droit de protéger... les consciences opprimées !

Les rois de Pologne, obligés, depuis 1573,

à jurer le maintien de la *paix* entre les dissidents, s'engageaient à ne pas favoriser une croyance aux dépens d'une autre, et reconnaissaient ainsi que l'Église romaine ne devait avoir aucun privilége sur les autres confessions chrétiennes. C'était, on peut le dire, la liberté des religions comme elle existe aujourd'hui partout en Europe, sauf en Russie, en Espagne et en Turquie. Il n'y avait plus qu'un pas à faire pour aboutir au système des États-Unis, et rendre le gouvernement complétement neutre en matière dogmatique.

L'acte législatif de 1573 renferme cependant une clause qui nous semble révoltante aujourd'hui : aux propriétaires est attribuée la faculté de déterminer à quelle croyance appartiendront les paysans de leurs domaines; ce qui enlève à la classe la plus nombreuse de la nation toute indépendance morale et intellectuelle. La révolte des campagnes allemandes, au nom des doctrines anabaptistes, hantait l'imagination épouvantée des nobles polonais, lithuaniens et ruthènes; de là leur réserve si peu conforme aux principes de l'Évangile et du droit moderne.

L'ambassade qui vint à Paris proposer à Henri de Valois le trône des Piast et des Jagellon lui imposa comme condition *sine quâ non* d'accepter les *pacta conventa* de la diète de Varsovie et obtint, de plus, la promesse d'une amnistie pleine et entière pour les huguenots de France. Le frère de Charles IX souscrivit à toutes les conditions, mais, arrivé en Pologne, il voulut, sur les conseils du prélat Solikowski, passer la formule : « Je conserverai la paix parmi les dissidents — *Pacem inter dissidentes servabo.* » Alors, le grand hetman Nicolas Firley, qui était calviniste, mit la main sur la couronne, et dit à Henri de Valois : « Si vous ne jurez pas, vous ne régnerez pas ! — *Si non jurabis, non regnabis !* (1) »

---

(1) D'après une variante, Firley aurait dit : *Nisi eam conditionem approbaveris, rex Poloniæ non eris !* Cela revient exactement au même. Firley appartenait à une des premières familles, éteinte en 1730, et il fut question de l'élire pour successeur de Sigismond-Auguste. La jalousie de quelques magnats obligea les protestants de reporter leur choix sur un prince français chaleureusement recommandé par l'amiral de Coligny, qui, d'une

La cérémonie fut interrompue; le roi hésita un moment, troublé et confus, mais prononça ensuite les paroles qui lui furent dictées, soulageant sans doute sa conscience timorée par une de ces restrictions mentales que Hosius admettait comme légitimes vis-à-vis des hérétiques. Doctrine commode dans laquelle Henri d'Anjou avait d'ailleurs été élevé par sa noble et digne mère, Catherine de Médicis!

Pendant son règne de quatre mois, il n'eut pas l'occasion ou l'opportunité de violer son serment.

Etienne Batory, duc de Transylvanie, le remplaça. Celui-ci professait la croyance helvétique et passait pour incliner fortement à l'unitarisme des Socinus. On ne lui imposa pas l'obligation de se convertir au catholicisme; mais, endoctriné par le prélat Solikowski, il s'y décida dans la pensée de se rendre plus populaire et de rallier à lui les

---

liaison étroite entre la France et la Pologne, espérait voir sortir la prédominance de la Réforme dans le monde.

adhérents de son compétiteur l'empereur Maximilien II, dont l'élection, faite par le Sénat, avait été cassée par l'ordre équestre.

Etienne Batory, catholique en apparence plus qu'en réalité, ne songea jamais à se départir de la plus stricte impartialité vis-à-vis de ses anciens et de ses nouveaux coreligionnaires. Dans la distribution de ses faveurs, il ne demandait pas quelle église fréquentait le serviteur de l'État qui méritait une promotion ou une récompense :

« Il ne m'appartient pas — disait-il — de scruter les consciences; cela regarde Dieu seul ! »

Mais en même temps, ce roi si brave, si juste et si honnête, prépara, d'une manière indirecte, la ruine du protestantisme et la propagation de ces germes de mort que l'intolérance apporte avec elle aux nations modernes qui la subissent.

Il avait épousé Anne Jagellon et se fit, sous son influence, le protecteur chaleureux de l'ordre de Saint-Ignace, dont il établit, sans consulter les Diètes, des colléges à Polock, à Riga et à Dorpat. Il livra aux jésuites l'Université de Vilna, qu'il fonda exprès pour eux, et soumit en partie à leur contrôle l'Université de Krakovie. Ébloui par leur science et leur esprit diplomatique, il les consultait dans les affaires d'État, et se laissa malheureusement guider par le père Possevino qui lui fit conclure une paix déplorable avec la Moscovie.

Ce jésuite italien, homme fort instruit et fort entreprenant, cherchait partout des souverains à convertir au catholicisme. Dans ce but, il avait couru en Suède, où il ne réussit pas à faire revenir de l'hérésie de Luther le roi Jean III. Il crut avoir plus de chances avec Ivan le Terrible, le malin despote ayant écrit au pape Grégoire XIII une lettre par laquelle il se disait tout disposé à réunir les deux Églises d'Orient et d'Occident. Ce n'était qu'une ruse pour arrêter la marche victorieuse des Polonais; elle réussit au gré du grand Kniaz, qui parut à Possevino un néophyte sincère et qui, une fois la paix signée, se moqua du prêtre présomptueux, du pontife crédule et du roi dupe de sa trop facile condescendance.

Le successeur d'Étienne Batory fut Sigismond III, fils du roi de Suède Jean Wasa et de Catherine Jagellon, sœur de Sigismond-Auguste. Sa mère, catholique fervente, l'avait fait élever par les Jésuites dont il resta, pendant un règne de quarante-cinq ans, l'obéissant et zélé disciple. Comme tel, il avait en horreur tout schisme, toute secte, toute velléité d'indépendance en matière de religion. Ne tenant pas compte de son engagement de ne faire aucune distinction entre les croyances, il repoussait, tant qu'il le pouvait, des emplois publics tous les citoyens suspects d'hérésie; il n'accordait de distinctions, de faveurs qu'aux catholiques éprouvés. Aucun protestant ne reçut de lui la dignité de sénateur, et il réserva les *starosties* (1) aux seuls amis ou protégés des Jésuites dont il aimait à s'entendre appeler le roi, quoiqu'il n'en fût en réalité que l'esclave.

---

(1) Les rois de Pologne distribuaient à vie un certain nombre de domaines territoriaux dépendant de la couronne, appelés starosties. « Un présent de cette nature s'appelait *panis bene merentium*. » Bien méritants ne furent, aux yeux de Sigismond III, que les nobles qui se détachaient soit du protestantisme, soit du schisme grec.

Le véritable roi de Pologne à cette époque ce n'était pas Sigismond, c'était le chapelain de la cour, le père Skarga, qui brille au premier rang dans la pléiade des hommes remarquables et éminents que produit depuis trois siècles l'ordre de Saint-Ignace. Prêtre, doublé de patriote, il savait faire vibrer dans les cœurs les sentiments les plus nobles et les plus généreux. Sa parole, onctueuse et véhémente tour à tour, s'imposait par une merveilleuse beauté d'élocution. Ni Bossuet, ni Bourdaloue, ni Massillon ne sauraient lui être comparés; il surpassa ces trois grands maîtres, car il ne laissa jamais apercevoir, comme eux, les ressorts d'une rhétorique préconçue; son style, le plus beau de l'âge d'or de la littérature polonaise, jaillit avec une magnificence qui n'a rien d'apprêté ni d'artificiel. Cette simplicité sublime est le cachet de la véritable éloquence que peu d'orateurs en renom ont possédé au même degré.

Skarga valait à lui seul une légion de convertisseurs; il réussit à rapatrier dans l'Église romaine une quantité de dissidents de la Réforme et du Schisme, parmi lesquels on compte les fils de Radziwill le Noir et Léon Sapieha. D'autre part, son prestige s'étendit jusqu'aux plus humbles couches de la société. Ce sera son éternel honneur d'avoir, en présence d'une noblesse hautaine, plaidé, quoiqu'en vain, la cause juste et sacrée des cultivateurs du sol, de plus en plus réduits à la condition d'ilotes.

« Et ces sueurs de nos paysans, » dit-il,
« qui ne cessent de couler, et dont toute
« cette terre est devenue moite et rouge,
« quel épouvantable avenir ne prépa-
« rent-elles pas à ce royaume! Je ne
« connais pas de terre dans la chrétienté
« où les paysans soient ainsi maltraités.
« Et vous, qui criez tant contre le pouvoir
« absolu, que personne ne veut ni ne peut
« vous imposer, déclamateurs hypocrites,
« vous avez dévoré ma vigne, dit le Sei-
« gneur; pourquoi écrasez-vous mon peuple?
« Vous le broyez comme une meule broie le
« grain. De quel droit vous obstinez-vous à
« ne pas changer des lois infâmes? Ces
« paysans sont vos prochains; ils sont

« Polonais comme vous; ils parlent la même
« langue et sont enfants d'une même patrie.
« Jadis les chrétiens donnaient la liberté à
« leurs esclaves baptisés et devenus leurs
« frères en Jésus-Christ; et vous, vous osez
« retenir en esclavage des chrétiens, vos
« compatriotes! Je sais que vous n'en
« n'agissez pas tous de la sorte, mais ceux
« qui commettent de tels crimes, comment ne
« rougiraient-ils pas en face de la chrétienté
« qui les regarde et dont ils se disent
« membres? »

Pour trouver une si mâle et vigoureuse indignation contre le droit pour quelques-uns d'opprimer des masses de leurs semblables, il faut aller jusque dans l'Amérique contemporaine où les discours de Sumner et de Wendell Phelps, prêchant l'abolition de l'esclavage, résonnèrent comme un écho transatlantique du discours de Skarga.

S'élevant par son génie au-dessus de l'idée de l'État qui devait prédominer dans les intelligences jusqu'à la Révolution française, Skarga tend aussi la main à Mickiewicz à travers un long espace de temps. Ici, nous sommes heureux d'offrir une page de l'illustre poète lui-même, pour montrer combien son idée de la patrie polonaise est conforme à celle de l'éminent prédicateur :

« Dans toute l'histoire, il ne voit que deux peuples qui répondent, selon lui, à la haute idée de patrie : le peuple élu, c'est-à-dire le peuple hébreu, et le peuple polonais. Il voit la preuve de cette mission divine dans la bénédiction spéciale qui donna à la Pologne une longue série de rois parmi lesquels il n'y eut pas un seul tyran, et qui permit que Boleslas le Hardi, le seul d'entre eux qui fut coupable, qui commit un meurtre, pût faire pénitence avant de mourir. Il voit une nouvelle preuve de cette mission dans la position de la Pologne, le dernier État chrétien et civilisateur dans le Nord. Enfin, la liberté dont jouit la Pologne est encore pour Skarga une preuve de la pensée divine dans laquelle cet État a été conçu, selon lui, parce que sa constitution est la même que celle sur laquelle est basé l'organisme humain. L'âme n'a pas sur le corps, dit Skarga, un pouvoir despotique, mais un pouvoir constitutionnel; l'âme remplit dans le corps les fonctions d'un roi de Pologne gouvernant la République. C'est pourquoi il appelle cette liberté « la liberté d'or. » L'or, suivant les idées du moyen âge, signifiait souvent, comme on sait, la perfection, l'excellence; suivant les idées des alchimistes, c'était la lumière concentrée; les adeptes des sciences occultes cherchaient cet or qui devait donner la vie et la santé éternelles. C'est dans ce sens que la Bulle, qui constitue l'empire germanique, était appelée la *Bulle d'or*. La « liberté d'or, » expression populaire chez les Polonais, était donc pour Skarga la liberté par excellence, celle qui dominait, qui assurait aux individus le pouvoir de se développer complétement, et qui les rendait responsables de leurs actions.

« Or, Skarga aime et défend la Pologne comme une nouvelle Jérusalem sur laquelle Dieu a fondé de grandes espérances. »

Skarga brillait dans les tournois oratoires ou colloques dans lesquels les protestants et les jésuites venaient, comme des champions, soutenir le mérite ou la supériorité de leurs croyances respectives. Ces disputes théologiques se produisaient en latin, mais, publiées souvent en langue vulgaire, elles avaient un grand retentissement sur toute la surface du pays, changé en un immense champ de controverses religieuses. Les catholiques rencontrèrent de vaillants adversaires dans Volanus, Lasicki, Sudrovius, etc. Mais ces polémistes, si profonde que fût leur érudition, cédaient la palme des belles périodes au prédicateur de la cour et la palme de la belle latinité à un autre jésuite, le poète Kazimir Sarbiewski, qui, selon Grotius, aurait surpassé Horace dans sa propre langue : « *Non solum equavit sed etiam superavit Horatium.* »

Consolant eût été le spectacle de ces discussions dogmatiques, si elles s'étaient renfermées dans une sphère exclusivement littéraire ! Mais elles débordèrent au-dehors, produisirent des querelles sanglantes, amenèrent des désordres de toute espèce. Ameutée par la réaction ultramontaine, la populace, à Vilna et dans d'autres villes, se ruait sur les enterrements protestants, précipitait les cadavres dans l'eau. Elle se mit à saccager leurs temples, et, maintes fois, commit des actes de violence et de meurtre sur de paisibles pasteurs.

L'autorité laissait faire, quand elle ne provoquait pas elle-même ces odieux méfaits.

Tous les moyens semblaient bons à Sigismond III, qui procédait à la ruine de la liberté religieuse du pays pour confisquer à son profit les libertés politiques. Mais celles-ci avaient des gardiens vigilants, et l'histoire conserve précieusement les mémorables paroles que Zamoyski adressa un jour au roi, qui, s'emportant au milieu de la Diète, mettait la main sur la garde de son épée, comme pour indiquer d'une manière symbolique ses tendances trop autoritaires : « Ne « touchez pas à votre épée, de peur que la « postérité ne vous appelle César et nous « appelle Brutus. Nous faisons les rois et « nous écrasons les tyrans. Régnez et ne « gouvernez pas ! »

Ainsi, l'axiome constitutionnel reproduit si souvent en France sous le règne de Louis-Philippe : « Le roi règne et ne gouverne pas! » éclate dès le seizième siècle, dans les annales parlementaires de la Pologne.

Zamoyski était un catholique libéral, comme, de nos jours, M. de Montalembert, mais avec plus de logique et plus de fermeté de caractère. Toute croisade à l'intérieur répugnait à sa conscience.

Pendant que Sigismond III fondait un collége de jésuites à Orsza et à Smolensk, Chodkiewicz à Kroze, Léon Sapieha à Brzesc, Holownia à Nowogrodek, Albert Radziwill à Pinsk, Gosiewski à Vitepsk, Zamoyski ouvrait, de son côté, une école à Zamosc, d'où les jésuites étaient avec soin exclus. De tout son pouvoir, il luttait contre l'intolérance gouvernementale ; toute mesure portant atteinte à la liberté de conscience trouvait en lui un adversaire décidé. Et tandis que le jésuite Skarga reconnaissait en quelque sorte deux patries : son Ordre et la Pologne, le glorieux tribun Zamoyski n'en reconnut jamais qu'une seule : la Pologne.

L'union de Brzesc, en 1596, si avantageuse qu'elle fût, en effet, à certains points de vue, établissait un précédent funeste pour les protestants. Ceux-ci, pour l'empêcher, firent alliance avec les schismatiques grecs, à la tête desquels figurait Constantin Ostrogski, descendant de Roman de Halicz et le plus riche des magnats de la Volynie. Ce prince, à l'exemple de ses ancêtres, avait donné, sur de nombreux champs de bataille, des preuves irrécusables de son dévouement à la patrie polonaise, mais il avait une répulsion héréditaire pour la religion catholique. Dans son château d'Ostrog, il possédait une imprimerie qui publiait une Bible complète en langue slavonne et toutes sortes d'écrits contraires à la suprématie romaine. Cette suprématie sur les autres croyances, il ne l'admettait à aucun titre. Il disait qu'à l'instar de l'Église de Jérusalem, où il y avait douze autels, dont les desservants étaient en relations mutuelles, tous les partis religieux, en Pologne, devaient se souffrir et vivre en bonne harmonie.

Agissant d'après ce principe, il donna son

adhésion à une réunion de calvinistes et de luthériens convoquée à Vilna, sous la présidence du prince Christophe Radziwill. Il alla jusqu'à promettre, pour le cas où le roi s'aviserait de sortir de la légalité, de lever une armée de quinze mille hommes au service de la liberté de conscience.

Un synode se rassembla ensuite à Thorn et présenta une adresse à la Diète pour se plaindre de la démolition des temples, des assassinats provoqués par le fanatisme ultramontain et des excitations à la guerre civile. Elle signalait un récent écrit du père Skarga, où le *compelle intrare* revêtait une forme menaçante.

Tandis que l'union projetée s'élaborait à Rome, mais avant que parût la bulle de Clément VIII, annonçant le retour des schismatiques à l'obédience romaine, éclatait l'insurrection des Kozaks, sous les ordres de Nalevayko. Elle saccagea pendant une année l'Ukraine, avec une bande d'un millier d'hommes : prélude d'une série de soulèvements dont le retour périodique devait user les forces de la Pologne et contribuer grandement à sa chute.

Heureuse la République si, après avoir réprimé la rébellion de Nalevayko, elle avait su en tirer une leçon de sage mansuétude !

Les Kozaks ne demandaient pas mieux que de combattre sous ses drapeaux, mais, fortement attachés au schisme, ils étaient sans cesse froissé dans leur susceptibilité religieuse et traités, quand ils faisaient valoir leurs griefs, avec un mépris hautain. La Moscovie exploita leur mécontentement, et ils finirent par se jeter dans ses bras. Ce fatal événement était inévitable dès le moment où prévalut, sur l'égalité des cultes, l'exclusivisme ultramontain du roi et de la classe dirigeante.

On accuse le prince Ostrogski d'avoir soudoyé Nalevayko. Il est certain que le puissant magnat fut sympathique à la prise d'armes kozaque et se garda bien de l'arrêter au début, comme il aurait pu le faire avec les ressources dont il disposait. Sauf à proclamer lui-même la guerre civile, il fit, avant et après l'union de Brzesc, tout ce qui dépendait de lui afin d'unir en un faisceau politique les orthodoxes grecs et les réformés. Il n'y réussit qu'imparfaitement et mourut centenaire, ferme dans ses convictions, mais avec le chagrin de laisser son majorat, composé de quatre-vingt villes ou bourgades et de deux mille sept cent soixante villages, à son fils Janus, converti par le père Skarga et prêt à ouvrir aux jésuites la ville d'Ostrog, cette citadelle du culte de Photius.

Si l'âge n'avait pas affaibli son énergie sur la fin de ses jours, le prince Ostrogski aurait pu, en mettant son épée dans la balance, punir d'une manière éclatante Sigismond III. L'occasion de briser ce règne ultramontain s'offrit trop tard au noble vieillard; sur le seuil de l'éternité, il n'osa pas la saisir.

Le grand Zamoyski, en mourant, avait confié la tutelle de son fils au palatin de Krakovie, Zebrzydowski, son intime ami, et en quelque sorte légataire de ses idées. Celui-ci devint le chef de l'opposition et fut, quoique catholique, reconnu comme tel par les protestants et par les ritualistes grecs non rattachés à l'union. Attribuant aux jésuites le malaise du pays, la discorde des citoyens et les tendances despotiques du gouvernement, il demanda l'expulsion de cet ordre religieux. Mais il s'aperçut que le roi ne céderait jamais à une pression parlementaire devant le priver de ses directeurs, et qu'il fallait recourir à un moyen extrême autorisé, sinon par la Constitution, au moins par une coutume traditionnelle.

Ce moyen, c'était l'insurrection érigée en droit contre le souverain convaincu d'avoir violé quelque clause du serment qu'il prêtait en acceptant les *pacta conventa*. Ainsi, quand la Révolution française faisait de l'insurrection le plus saint des devoirs, elle émettait un axiome mis autrefois en pratique dans l'ancienne Pologne, — qui reste, sous beaucoup de rapports, une école de liberté.

Cent mille nobles, sur l'appel de Zebrzydowski, se réunissent dans la plaine de Lublin. Ils somment le roi de corriger les fautes de son gouvernement, de revenir à la stricte observation des lois et de demander pardon à la nation des transgressions commises. Le Wasa intimidé négocie, par l'intermédiaire de Skarga, qui s'efforce en vain d'obtenir des conditions moins humiliantes, mais qui réussit à opérer la désertion de la majeure partie du *rokosz*, comme s'appelait l'assemblée armée en guerre. Zolkiewski, le grand capitaine de l'époque, survient pour soutenir l'autorité royale, avec trois mille soldats bien disciplinés, et joint ses forces à celles des Potocki, qui arrivaient de leur côté avec trois mille autres combattants. Sans coup férir il disperse les bandes de Zebrzydowski qui, avec Janus Radziwill, son lieutenant calviniste, consent à faire amende honorable, baise la main du roi et obtient une amnistie complète pour lui et pour les siens.

C'était une soumission feinte. A une année de distance, l'ami de Zamoyski renouvelle son *rokosz*. Il proclame la déchéance du roi Sigismond III, dont il destinait la couronne à Gabriel Batory, le neveu du roi Étienne et prince de Transylvanie, qui, de la foi catholique, avait, dit-on, passé à la doctrine de Socinus. La Diète de Varsovie examine les demandes des insurgés, qu'on peut réduire à quatre principales :

1° L'abolition de l'union religieuse de Brzesc ;

2° L'éloignement du légat pontifical ;

3° La suppression des colléges de l'ordre de Saint-Ignace ;

4° L'obligation de n'admettre à la cour, comme confesseurs ou directeurs, que des prêtres séculiers.

Aucune de ces demandes, déjà produites dans le premier *rokosz*, n'est accordée. Seulement le roi, après avoir essayé de justifier sa conduite en présence de quinze palatins et de vingt-cinq castellans, promet :

1° D'avoir, à l'avenir, dans la distribution des places, égard seulement au mérite, sans distinction de croyance ;

2° De faire verser les annates dans le trésor public, avec ou sans le consentement du pape ;

3° De suspendre tous les procès par lesquels les catholiques réclamaient leurs anciennes églises, changées en églises réformées;

4° D'abolir les tribunaux mixtes et de soumettre le clergé aux tribunaux laïques, en lui enlevant le droit d'en appeler à Rome;

5° De ne gêner en rien l'exercice du culte protestant et du culte schismatique.

Ces concessions sont rejetées comme insuffisantes par les chefs du *rokosz*. Une nouvelle bataille s'engage près du village de Guzow. Zolkiewski et Chodkiewicz, à la tête du parti royal, remportent la victoire, tuent aux insurgés douze cents hommes et s'emparent de leur bannière, qui portait pour devise : « Dieu et Patrie. — Liberté d'or (Zlota wolnosc). » Parmi les prisonniers figurent Herburt, Branicki, Marcinowski, Lipski, Pac, Zlotnicki, tous appartenant à la première noblesse, qui, comme on le voit, était encore, en 1607, fortement imprégnée de l'esprit de la Réforme et hostile aux vues ultramontaines.

Malgré la valeur qu'ils avaient déployée, les deux organisateurs de la lutte purent se dérober à la captivité et obtinrent, avec tous leurs compagnons, une amnistie complète.

Dans ses dissensions intestines, la Pologne n'a jamais connu ces rancunes prolongées, ces haines impitoyables qui poursuivent, pendant de longues années, les vaincus, et que les vainqueurs d'autres pays décorent du nom de justice. Elle comprenait qu'après avoir vidé une querelle, soit politique, soit religieuse, ce que les belligérants ont de mieux à faire, c'est de passer l'éponge sur les faits accomplis et de se pardonner mutuellement leurs torts réciproques.

Zebrzydowski ne ressemblait pas à certains de ces chefs de partis en France qui, si piteuses que soient leurs défaites, persistent, jusqu'à la mort, dans leur rôle présomptueux de guides politiques. Il se retira de la scène, de peur d'amener quelque nouvelle catastrophe. Cette conduite honorable prouve assez qu'il n'était pas un vulgaire intrigant, comme le dépeignent la plupart des historiens. Zamoyski, d'ailleurs, esprit si supérieur, pouvait-il se tromper au point de confier en mourant les destinées de sa patrie, qu'il aimait plus que personne, à Zebrzydowski, si cet homme avait été sans valeur réelle?

Sigismond III, sorti victorieux de la guerre civile, foula aux pieds les engagements qu'il avait pris devant la nation de garder plus d'impartialité en matière religieuse. Avec autant de zèle que jamais, il encouragea la destruction des temples protestants à Krakovie, à Posen, à Lublin. Heureux d'avoir vu s'accomplir, en 1596, l'acte d'union de Brzesc, qui augmentait le nombre des adhérents du Saint-Siége aux dépens de l'Église gréco-orientale, il eut encore la joie, avant de mourir, de saluer la conversion au culte catholique d'une colonie d'Arméniens établis depuis deux cents ans dans la Galicie actuelle. L'archevêque Toroszowicz vint, en 1630, à l'exemple de Rahoza, abjurer les erreurs condamnées par Rome et prononcer, au nom de tout son troupeau, une renonciation formelle aux hérésies d'Eutychès et de Dioscore, en adhérant au concile de Chalcédoine.

Mais, tandis que le pieux monarque — comme disait de lui l'empereur Rodolphe II, dont il avait épousé successivement les deux nièces — tâchait de conquérir le ciel, il perdait la terre. Son esprit de prosélytisme, après une longue et sanglante guerre, le forçait de renoncer à la couronne héréditaire de Suède et empêchait son fils Wladyslas d'accepter la couronne de Moscovie, conquise par la valeur et la sage politique de Zolkiewski. Suivant l'arrangement entre ce grand hetman avec le patriarche et les boïars, le prince de la maison de Wasa devait s'engager à embrasser la religion grecque et à gouverner avec le concours d'un Sénat ou d'une *douma*. Comme la première clause était une apostasie aux yeux de Sigismond, il repoussa une convention d'où, suivant le chancelier Léon Sapieha, devait sortir la paix et l'union entre les deux nations trop longtemps ennemies. Les Potocki conseillèrent la conquête pure et simple de la

Moscovie. Le roi accepta, jusqu'à un certain point, ce dernier avis, et, tout en poursuivant, avec une opinion arrêtée d'avance, de fallacieuses négociations, il finit par soulever une insurrection à Moscou contre la garnison polonaise, qui devint prisonnière au milieu de la ville et fut réduite à capituler. Une assemblée, composée de nobles, d'ecclésiastiques et de marchands, appela au trône, par l'influence du prince Pojarski, Michel Romanof, fils du métropolite Philarête, dont la popularité rejaillissait sur un enfant de quinze ans.

Ainsi fut inaugurée, en Moscovie, une dynastie de l'avénement de laquelle date la décadence de la Pologne. Pendant que Sigismond, satisfait d'avoir repris Smolensk, faisait une entrée pompeuse à Varsovie, traînant à sa suite le tzar Vassili Chuîski, il avait réellement déterminé la ruine de son pays, faute d'avoir voulu, par scrupule religieux, permettre à son propre fils de devenir tsar de la Moscovie. Les lauriers de la victoire cachaient les cyprès d'une tombe. Le triomphateur n'était qu'un ofssoyeur.

Après un règne néfaste de quarante-cinq ans, une chance de salut et de régénération se présenta pour la nation polonaise. Gustave-Adolphe voulut se faire élire roi, en offrant de restituer la Livonie qu'il avait conquise, de former une alliance solide avec la Hongrie et la Bohême, délivrées de la maison d'Autriche, et de rétablir dans leur plénitude les libertés publiques, amoindries sous Sigismond III. Le cardinal de Richelieu était favorable au désir du roi de Suède qui trouva un parti pour l'appuyer. Le palatin de Seradz, Baranowski, quoique catholique, se fit le promoteur de la candidature du champion déclaré du protestantisme. Malheureusement, les intrigues ultramontaines firent échouer cette combinaison et portèrent le choix des électeurs sur Wladyslas IV.

D'un caractère tout différent de celui de son père, ce prince était honnête, bon, tolérant, mais il ne possédait ni le génie du chef militaire ni les qualités de l'homme d'État qui ont fait de Gustave-Adolphe le héros le plus accompli du dix-septième siècle. Néanmoins, les protestants, sous Wladyslas, ne furent pas traités comme des étrangers dans leur propre patrie. Ils participèrent largement aux faveurs royales et, à certains catholiques qui lui reprochaient cette impartialité, le jeune roi, faisant allusion à son serment et aux *Pacta conventa*, répondit : « Ce que j'ai promis de mes lèvres doit se « traduire par des actes. » Il accepta gracieusement la dédicace d'une bible protestante que le prince Christophe Radziwill lui présenta, accompagnée d'une curieuse lettre. Il voulut contracter un mariage avec une princesse réformée, mais il n'osa pas donner suite à ce projet, intimidé qu'il fut par la violente opposition des Jésuites. De même, il se montra presque toujours, malgré son esprit équitable, impuissant à punir les indignités et les avanies de toute espèce infligées aux sectaires. Une fois, cependant, des étudiants de Krakovie, qui avaient pillé la maison d'un protestant, furent, selon la loi, condamnés à mort et exécutés.

Animé d'un généreux esprit de conciliation, Wladyslas IV eut l'utopique pensée de mettre fin à toutes les divergences religieuses par une discussion publique. Elle eut lieu à Thorn, en 1645, et porte dans l'histoire le nom de *Colloquium charitativum*. Comme il arrive toujours en pareil cas, entre théologiens, les haines, au lieu de s'amoindrir, ne firent que s'exaspérer après plusieurs jours de discussion; le seul résultat obtenu fut une profusion de brochures, où catholiques et non-catholiques, oubliant toute charité chrétienne, s'accusaient mutuellement de mensonge, de fraude et d'imposture.

Jean-Kazimir, frère et successeur de Wladyslas IV, reprit la tradition paternelle envers ceux qui s'écartaient des enseignements de l'Église du Vatican. Il les repoussa systématiquement des emplois publics, ferma beaucoup de leurs temples et laissa brûler leurs livres. Il consacra la République polonaise à la Sainte-Vierge, promettant à la mère des anges d'extirper les hérésies et d'améliorer le sort des paysans dont la condition était navrante.

Il n'accomplit que la première partie de

sa tâche. Pendant vingt ans d'un règne tout rempli par les révoltes des Kozaks et les invasions des Suédois et des Moscovites, il eut le loisir d'achever la ruine du protestantisme, mais il ne trouva pas un moment opportun pour rétablir dans leurs droits d'hommes et de Polonais les cultivateurs du sol.

Cela se comprend. Dans la persécution religieuse, il n'avait qu'à suivre à la remorque une puissante réaction sous la bannière de l'ordre des Jésuites. Pour l'émancipation des campagnes, il eût dû prendre une puissante initiative, au risque d'avoir contre lui cette même réaction qui savait parfaitement concilier une dévotion ardente avec un froid dédain pour les classes travailleuses. Skarga n'était plus là pour raviver, par sa belle parole, les sentiments d'humanité assoupis chez les possesseurs privilégiés du sol.

A l'avénement au trône de Jean Kazimir, le protestantisme comptait dans ses rangs quelques-uns des plus beaux noms de la

Pologne : Janus et Boguslaw Radziwill, l'un grand général, l'autre grand maître de cavalerie en Lithuanie; Leszczynski, palatin de Dorpat, dont la famille, rentrée dans le catholicisme, donna une reine à la France; Christophe Azciszewski, célèbre par ses aventures d'outre-mer au service de la République hollandaise, et rappelé, quoique socinien, dans sa patrie par Wladyslas IV; Denhof, palatin de Poméranie, Gorayski, castellan de Chelm, etc. C'était comme les dernières lueurs d'une flamme prête à s'éteindre.

Les infatigables disciples de saint Ignace eurent un vaste champ ouvert à leur activité, sous un roi qui avait appartenu à leur ordre, qui avait été cardinal, et qui, autorisé à épouser la veuve de son frère, restait prêtre en devenant roi. Ils profitèrent largement de leur situation pour achever de s'emparer complétement de l'éducation publique, dicter à la Diète des mesures répressives contre les sociniens et ramener à la doctrine romaine, par des moyens persuasifs ou comminatoires, les magnats attardés encore dans la Réforme ou le Schisme.

Ce serait ici l'occasion de vous dire, mon révérend père, ce que je pense du livre polonais que vous m'avez recommandé et de répondre, à mon point de vue, à la question : *Les Jésuites ont-ils perdu la Pologne ?*

Ce qu'il y a de certain, c'est que les Wasa, dont le premier et le dernier ont été les serviteurs soumis de votre compagnie religieuse, eurent tous les trois les regards tournés vers la Suède comme vers leur héritage, qu'ils prodiguèrent le sang de la République, moins dans son intérêt qu'au profit de leur ambition personnelle, qu'ils attirèrent sur leur patrie d'adoption des maux infinis, et, de forte et saine qu'ils l'avaient reçue des mains de Sigismond-Auguste, ils la transmirent faible et malade aux mains de Wisnowiecki, l'éphémère prédécesseur de Jean Sobieski.

Mais ils nous serait difficile de déterminer en quelques lignes où s'arrête la responsabilité personnelle des Wasa et où commence l'œuvre de leurs puissants conseillers ecclésiastiques. De quel droit, d'ailleurs, nous qui ne nous soucions pas des dogmes de la théologie, nous érigerions-nous en juges de ceux dont le maintien et la propagation de ces dogmes est l'unique but, l'unique raison d'être?

Permettez-moi de vous dire, mon révérend père, que la question, posée comme le fait votre apologiste, sous-entend autre chose que ce qu'elle semble annoncer.

Jamais, dans l'idée des disciples de saint Ignace, un pays, quelque terrassé qu'il soit, n'est perdu tant qu'il reste catholique, et, si prospère qu'il paraisse, tout pays protestant ou schismatique, a une existence pire que la mort.

Or cette existence, dont s'accommodent parfaitement de resplendissantes nations, aurait été celle de la Pologne, si elle s'était faite hussite ou protestante. Elle occuperait dans le monde la place qu'a prise d'abord la Prusse de Frédéric II, ensuite l'Allemagne de Bismarck. Des trois puissances copartageantes, la plus forte aujourd'hui serait à l'état de simple province; une alliance active avec Ziska et Procope, ou avec Richelieu et

Gustave-Adolphe, aurait empêché la formation d'une Autriche écrasante ; la Moscovie ne serait pas devenue l'empire de toutes les Russies, et son travail d'absorption ne s'exercerait que sur les races finnoises ou tatares.

L'intolérance religieuse reçut des Wasa et de leurs inspirateurs une irrésistible impulsion. La Diète élective de 1669 applique la peine de mort à l'abjuration de la foi catholique. Sous le libérateur de Vienne, Jean Sobieski, un fait monstrueux se passe : Un jeune gentilhomme instruit, appelé Lyszczynski (qu'il ne faut pas confondre avec Leszczynski), lisait un livre où étaient produites des preuves si maladroites de l'existence de Dieu, qu'elles auraient prouvé le contraire si le contraire pouvait être prouvé. Il mit en marge cette plaisanterie : « *Ergo non est Deus.* » Dénoncé à la Diète par des évêques, il est jugé et condamné à être brûlé à petit feu, après avoir eu la langue arrachée, ce qui fut exécuté à la lettre. « L'Inquisition n'aurait pas fait pis ! » s'écria le roi Sobieski, et le pape Odescalchi, Innocent XI, écrivit une lettre mémorable où il reprocha aux évêques leur excès de zèle.

Ainsi la Pologne, comme l'Espagne, tendait à être plus catholique que le pontife romain. Sans la désapprobation papale des tortures infligées au malheureux Lyszczynski, la sainte Inquisition s'établissait peut-être dans le pays où, avant les Wasa, fleurissait plus que partout ailleurs la liberté religieuse.

Auguste II de Saxe, qui de protestant s'était fait catholique pour être élu roi de Pologne, et qui, au fond, était un sceptique, tout en jurant pour la forme de maintenir les droits de toutes les croyances, s'engageait par les *pacta conventa* à n'accorder ni la dignité de sénateur ni aucune charge importante, soit aux protestants, soit aux schismatiques. L'unique député de la Diète de Grodno, en 1718, qui ne fût pas catholique, un nommé Pietrowski, se vit expulser de l'assemblée, quoique aucune loi n'autorisât encore une telle mesure pour cause de religion.

Avec le caractère audacieux et militant qui

les distingue de toutes les congrégations, les Jésuites aiment surtout à s'implanter en terre ennemie. Jamais ils ne reculent devant le danger ; la ferveur de leur propagande grandit et s'exalte au milieu des difficultés et des obstacles.

La population de Thorn, comme celle de toutes les villes de la Prusse polonaise, était luthérienne. C'est pourquoi les jésuites y établirent un collége. D'une rixe entre les élèves et les étudiants d'une école protestante surgit une émeute populaire. La maison et l'église des disciples de saint Ignace furent envahies et saccagées. On reprocha au président du conseil municipal Roesner de n'avoir pas déployé assez d'énergie pour prévenir le désordre transformé, disait-on, en sacrilége. Il eut la tête tranchée. Douze honnêtes bourgeois subirent la même peine. D'autres individus furent emprisonnés, fouettés ou condamnés à des amendes.

Cette répression draconienne souleva une grande indignation dans le monde protestant, d'autant plus que Roesner jouissait d'une considération générale et avait refusé de renier sa foi pour avoir la vie sauve. Des remontrances arrivèrent de toutes parts au gouvernement polonais. La Prusse, la Suède, le Danemark, la Hollande s'émurent, et l'envoyé d'Angleterre, Woodward, présenta un mémoire au roi Auguste II, en demandant la restauration des protestants dans leur égalité politique. L'orgueil national, exaspéré par cette immixtion étrangère, répondit par de nouvelles restrictions, de nouvelles rigueurs, de nouvelles iniquités. En 1732, les dissidents non catholiques furent exclus de tous les emplois civils. Ils conservèrent cependant le droit de verser leur sang pour la patrie; ils eurent toujours ouverte la carrière militaire. Ils restèrent, de plus, aptes à recevoir des *starosties*.

Sous d'autres rapports, la condition des protestants, auxquels s'attachait dorénavant, en commun avec les schismatiques, le nom de « dissidents », alla de mal en pis sous le règne d'Auguste III.

Une pétition adressée au roi Stanislas Poniatowski et à la Diète de 1766 résume les griefs des réformés de Pologne et de Lithuanie :

« Nos églises nous ont été enlevées sous divers prétextes et tombent en partie en ruines, car la permission de les réparer ne s'obtient qu'après beaucoup de démarches et à prix d'argent. Notre jeunesse grandit dans l'ignorance, vu qu'en beaucoup d'endroits il nous est défendu d'avoir des écoles. Nous sommes lourdement taxés pour obtenir la permission d'accomplir les baptêmes, les mariages et les enterrements. En maintes localités, les protestants sont obligés de figurer dans les processions des catholiques. Non-seulement les enfants des mariages mixtes doivent être élevés dans la religion catholique, mais les enfants d'une veuve protestante qui épouse un catholique sont obligés de suivre la confession de leur beau-père. Nous n'avons de patrons ni dans le Sénat, ni dans les diètes, ni dans les tribunaux, ni dans aucune juridiction. »

Catherine II assuma le patronage des plaignants. Elle sut ainsi fournir un prétexte philanthropique à l'odieux partage de la Pologne et fit accroire à Voltaire que son but unique était d'assurer le triomphe de la liberté de conscience sur l'oppression catholique. Certes, il eût été magnanime, de la part des dissidents réformés, de repousser, quoi qu'il leur en coutât, la protection d'une souveraine étrangère. Mais n'était-ce pas trop exiger de l'imperfection humaine? Qu'y a-t-il, d'ailleurs, d'étonnant à ce que les protestants adhérassent aux confédérations de Radom et de Targovitsa, quand ils voyaient des catholiques, portant des noms éclatants, se faire les chefs de ces confédérations d'où, contre l'attente des uns et des autres, a surgi l'anéantissement de la patrie commune?

Quelque reproche qu'on fasse néanmoins aux protestants polonais, il faut reconnaître que leur patriotisme vacillant s'est retrouvé à la dernière heure.

Dans la garnison insuffisante, chargée de défendre le faubourg de Praga contre l'assaut de Souvorof, il y avait un régiment de Lithuanie composé principalement d'officiers calvinistes. Ce régiment était commandé par le comte Paul Grabowski qui, faible, malade, se posta néanmoins là où il n'y avait d'autre alternative que la mort. Il la rencontra le premier, et de ses compagnons il ne resta aucun de vivant. Dans cet holocauste expiatoire, presque toutes les familles réformées du pays étaient représentées.

Le nombre des protestants de race polonaise monte aujourd'hui, autant qu'on peut le déterminer en chiffres ronds, d'après les meilleures autorités, de quatre cent cinquante à cinq cents mille individus, dont la majeure partie se trouve enclavée dans la Prusse.

Il y avait des écoles dirigées par des pasteurs à Sluck et à Kieydany. La dernière et la plus florissante a été supprimée en 1823, à la suite de la gaminerie d'un élève de dix-sept ans, qui s'avisa d'afficher quelques quolibets contre le tsarévitch Constantin. Cette polissonnerie valut au jeune délinquant les travaux forcés à perpétuité, et à ses deux cents camarades, qui recevaient une éducation gratuite grâce à la munificence des Radziwill, d'être mis sur le pavé, avec défense de les admettre dans aucune institution publique.

Ce procédé, touranien ou moscovite, sanctionné par un oukaze d'Alexandre Ier, assimile les dernières années du règne de ce prince, devenu inconscient, à l'affreux régime de Nicolas.

En traçant cette esquisse de l'histoire de la Réforme dans mon pays natal, j'ai peut-être oublié que mon récit s'adressait à un des membres les plus éminents de la Société de Jésus.

Agréez mes excuses, mon révérend père, et permettez-moi de compter, sinon sur l'approbation du prêtre, au moins sur l'indulgence de l'un des *Seize*. Le second me réconciliera, je l'espère, avec le premier.

DEUX EMPEREURS

Un fol à grande idée.

Tel débute bien qui mal finit.

I

Paul Ier

Suétone, dans ses Vies si amusantes des Césars de Rome, développe à nos yeux leurs caractères ; entrant parfois dans les détails les plus intimes et les plus minutieux de leurs goûts, de leurs vices, de leurs bizarres excentricités, il en fait, pour ainsi dire, une autopsie psychologique. Cette méthode projette une éclatante lumière sur l'histoire de la première période de l'Empire romain, et nous révèle les causes souvent futiles des grands événements.

A l'égard des successeurs de Pierre Ier, elle s'offre comme la meilleure à suivre, car, dans la Russie tsarienne, de même que dans la Rome impériale, l'individualité du chef de l'État est tellement proéminente, depuis bientôt deux siècles, que l'État tout entier s'absorbe en un seul homme.

Je tenterai donc, cher révérend père, d'esquisser une monographie à la façon de Suétone, en vous parlant aujourd'hui du fils de Pierre III et de Catherine dite « le Grand. »

Ce prince passa ses premières années sans connaître l'amour d'une mère. Il avait huit ans quand celle-ci se proclama impératrice, à la suite d'une révolution de palais survenue en 1762. Enfant, sa laideur était repoussante, mais, malgré cela, il annonçait d'heureuses dispositions naturelles. Le célèbre d'Alembert ayant refusé de se charger de son éducation, elle fut confiée au comte Panine, qui, mis en même temps à la tête du département des affaires étrangères, prépara le premier partage de la Pologne et donna pour instructions à Repnine, son neveu, de ne se laisser arrêter par aucun obstacle (ce qui voulait dire : par aucun scrupule).

Paul fut marié, une première fois, en 1773, avec une fille du landgrave de Hesse-Darmstadt, qui mourut en couches, au bout de deux ans, et, une seconde fois, en 1776, avec une princesse de Wurtemberg, qui devait mettre au jour quatre fils : Alexandre, Constantin, Nicolas et Michel.

L'aversion de Catherine pour son héritier, au lieu de diminuer, semblait s'accroître avec les années. Elle le tenait rigoureusement à l'écart des affaires de l'Etat et sous une surveillance humiliante. Cela ne manqua pas d'altérer un caractère naturellement bon, et de faire dévier une intelligence non sans valeur.

« On apercevait dans toute sa personne » — dit le comte de Ségur, fin observateur — « et principalement lorsqu'il parlait de sa position présente et future, une inquiétude, une mobilité, une méfiance, une susceptibilité extrêmes, enfin, ces bizarreries qui, dans la suite, furent la cause de ses fautes, de ses injustices et de ses malheurs (1). »

Ce trouble d'esprit, que constate si bien l'ambassadeur de France, s'explique par la position gênante de Paul au sein d'une cour où les assassins de son père marchaient le front haut et s'efforçaient, dans des conciliabules mystérieux, de le priver de ses droits au trône, en lui substituant le jeune grand-duc Alexandre, pour lequel Catherine avait une affection toute particulière.

Ce projet aurait fini par s'accomplir si tout à coup l'impératrice n'était morte, à l'âge de soixante-sept ans, elle qui espérait s'éteindre octogénaire, comme son correspondant et admirateur de Ferney. — Comment ne se serait-elle pas crue toujours jeune, quand les adulateurs encensaient encore sa beauté et briguaient ses faveurs amoureuses?

Vous connaissez les *Mémoires* de cette femme extraordinaire, publiés à Londres par Hertzen, sur un manuscrit authentique. C'est un journal de sa vie de grande-duchesse

---

(1) Souvenirs et anecdotes, tome II, page 227.

jusqu'à son avénement au trône. Dans un passage curieux, elle fait très-bien comprendre que Paul n'était pas né de Pierre III, mais de Soltykof, son premier amant. Quel est le but de cette indiscrétion préméditée ? Il ne peut être que de donner le change à la vérité, afin d'atténuer dans le cœur de son fils, s'il lui succédait, par hasard, et l'horreur pour elle et l'irritation contre les meurtriers de son époux.

Il n'y a qu'à comparer les portraits de Pierre III et de Paul Ier : la ressemblance physique de ces deux hommes est frappante. Elle est encore plus grande au point de vue moral et intellectuel : leurs qualités et leurs défauts sont les mêmes ; leurs singulières manies parfaitement identiques. On dirait que l'âme de l'un a passé dans le corps de l'autre. C'est peut-être l'unique fois que l'histoire nous montre un avatar si étrange.

Le grand-duc eut deux fois, avant de régner, la permission de sortir de sa captivité dans le château de Gatchina, où il était relégué par une volonté despotique, avec défense même de visiter Kronstadt, malgré son titre de grand-amiral.

En 1780, il alla faire un voyage de quatorze mois en Pologne, en Allemagne, en Italie, en France et en Hollande. En 1788, il prit part à la campagne de Finlande contre Gustave III : faveur qu'il avait vainement sollicitée contre les Turcs.

Sauf ces courts épisodes d'une vie sombre et monotone, l'impérial prisonnier d'État resta interné à Gatchina, depuis son enfance jusqu'à l'âge de quarante-deux ans.

C'est dans cette résidence qu'un Polonais, le comte Ilinski, chambellan attaché à sa personne, vint lui annoncer le décès subit de Catherine II et le saluer empereur de toutes les Russies. Sans feindre une affliction qu'il ne pouvait guère ressentir :

« De quelle faveur, demanda-t-il au messager, puis-je récompenser ton loyal empressement ? »

« — Je sollicite, sire, la délivrance de mes

compatriotes, détenus dans les forteresses et bannis en Sibérie ! »

« — Accordé ! » reprit gracieusement le nouveau souverain.

En même temps, admirant le patriotisme désintéressé d'Ilinski, il le nommait gouverneur civil de Saint-Pétersbourg, le chamarrait de décorations et l'enrichissait de vastes domaines en Volynie.

Fidèle à sa parole, il ajouta la délicatesse des procédés à l'amnistie pleine et entière des Polonais, traités par Catherine comme des malfaiteurs. Il vint lui-même faire ouvrir la prison de Kosciuszko et entra en conversation cordiale avec l'illustre détenu. Sans réticence, il blâma le démembrement de la Pologne, qui n'eut, dit-il, jamais son approbation. Il ajouta même qu'il connaissait un moyen de réparer cet acte d'iniquité : c'était de reconstituer pour les Polonais, et avec leur coopération, une nouvelle patrie sous son sceptre.

D'après ce projet, la Pologne et la Russie, administrativement séparées, devaient être dynastiquement unies, comme le sont la Hongrie et l'Autriche.

C'était la pensée des confédérés de Targovitsa, poursuivie longtemps par les Czartoryski et renouvelée, en 1862, par le marquis Wielopolski.

Nous ne saurions dire jusqu'à quel point Kosciuszko lui accorda son approbation, en causant avec Paul Ier. Mais on peut croire qu'il ne fut pas hostile à cette réconciliation de deux nationalités, puisqu'on l'a vu refuser, avec une inébranlable fermeté, d'entrer dans la politique de Napoléon, et montrer, en 1814, une vive sympathie pour Alexandre Ier, essayant de réaliser le plan de son prédécesseur.

Paul Ier a prouvé par plusieurs actes qu'il était de bonne foi en déclarant ses intentions à Kosciuszko. Il tâcha de gagner le dévouement non-seulement des confédérés de Targovitsa, mais encore de leurs adversaires de la confédération de Bar et des combattants de Maciejowice. Il vit de bon œil l'amitié naissante de l'héritier du trône avec le jeune prince Adam Czartoryski. Il nomma ce dernier son aide-de-camp. Déjà il avait revêtu des mêmes fonctions un autre Polonais: Wlodek. Il fit venir de Moldavie Xavier Dombrowski (1), qui songeait à organiser une légion polonaise, sous la protection turque, et le nomma lieutenant-général.

Il songeait, avant de se déclarer roi de Pologne, à prendre le titre de grand-duc de Lithuanie. C'eût été le préambule d'une guerre avec la Prusse, pour lui arracher sa part du démembrement d'un pays dont il voulait ressouder toutes les pièces. Plus tard serait venu le tour de l'Autriche, mise en demeure de restituer les conquêtes de Marie-Thérèse et de Joseph II.

Au début de son règne, Paul prit une mesure où se manifeste sa haine pour le gouvernement des femmes. Il abolit l'oukaze de Pierre Ier sur la succession au trône et rétablit le principe de l'hérédité par ordre de primogéniture de mâle en mâle. Ainsi protestait-il

---

(1) Qu'il ne faut pas confondre avec son homonyme, le commandant des légions polonaises d'Italie.

contre l'usurpation de sa mère, dont il avait souffert.

Il infligea un reproche encore plus expressif à cette mémoire, lorsqu'il fit exhumer le corps de son père pour le placer sur le catafalque, à côté de celui de Catherine, et les transporter ensemble de l'église d'Alexandre Nevski à la forteresse des Saints-Pierre-et-Paul,—à la fois l'Escurial et la Bastille de Saint-Pétersbourg. Sur les cercueils rayonnait l'inscription en langue française : « Séparés dans la vie, réunis dans la mort. » Par une vengeance réellement sublime, deux des meurtriers de Pierre III figuraient, par ordre impérial, en première ligne, dans la cérémonie funèbre : Alexis Orlof et Baratinski — honneur auquel, par son absence, se déroba le troisième : Passek. — Ce supplice, d'un goût si délicat, dura plusieurs heures. Orlof, dit-on, le supporta de sang-froid, mais Baratinski, sur le point de s'évanouir à chaque instant, ne soutint l'épreuve qu'au moyen de sels volatils. Après l'enterrement, ils reçurent l'un et l'autre l'autorisation d'aller voyager. C'est à quoi se borna tout le châtiment des coupables, qui ne furent pas autrement inquiétés ni dans leurs personnes ni dans leurs fortunes.

Depuis Pierre III, la « soldatomanie » ou le « caporalisme » est la maladie héréditaire des Holstein-Gottorp. Paul n'en était pas moins affecté qu'après lui Constantin et Nicolas.

Tous les matins, quelle que fût la température, trois ou quatre heures de suite, on le voyait, dans la cour de son palais, faisant faire l'exercice à des soldats — en tenue prussienne, une main derrière le dos et de l'autre main brandissant une canne. On l'entendait répéter sans cesse, d'une voix rauque et sourde : « Raz, dva ; raz, dva. — Un, deux ; un, deux. » S'il s'interrompait, c'était pour donner des ordres, recevoir des rapports, décerner des récompenses ou infliger des châtiments.

Un jour, mécontent d'un régiment, il le condamna, séance tenante, à partir pour la Sibérie; se ravisant, le lendemain, il le fit revenir de la première étape.

Un matin que le froid sévissait à vingt degrés Réaumur, il surprit un officier qui arrivait à la revue, couvert d'une pelisse et faisant porter son sabre par un soldat. Sans lui donner le temps de se présenter selon l'ordonnance, il le fit s'affubler de l'uniforme du soldat et ordonna au soldat de revêtir l'uniforme de l'officier. Ni la dégradation ni la promotion n'étaient pour rire : elles furent régularisées par décret.

Paul avait une affection particulière pour le tricorne et s'était pris de haine pour le chapeau rond, qu'on commençait à porter en Europe depuis la Révolution française. Les *boudouchniks* et les kozaks reçurent l'ordre d'arracher aux passants la nouvelle coiffure et de bâtonner ceux qui essayeraient de résister. Un Anglais ayant été victime de cette brutalité, le ministre d'Angleterre, Sir Charles Whitworth, s'en plaignit vivement à l'empereur qui voulut bien excepter les étrangers de l'interdiction, mais la renforça à l'égard des sujets russes et des émigrés français. La dégradation au rang de soldat atteignait les premiers; une expulsion immédiate les seconds. On rapporta au régulateur couronné de la mode que le chargé d'affaires de Sardaigne se permettait de trouver la plaisanterie mauvaise, et de dire qu'en Italie, elle provoquerait des séditions. Pour une si simple observation, le diplomate fut immédiatement expulsé de la capitale de l'Empire russe. Cette sévérité ne pouvait donner lieu à aucune complication politique, car le roi de Sardaigne n'était alors qu'un simple roi *in partibus*.

La manie impériale de tout réglementer s'attaqua aux chevaux des particuliers. Brusquement, Paul décréta que les harnais russes devaient être remplacés par des harnais allemands. Comme la métamorphose était impossible à opérer du jour au lendemain, Saint-Pétersbourg se trouva presque vide d'équipages. Le réformateur s'en aperçut et laissa éclater une violente colère; mais se ravisant tout-à-coup, il changea son ordre péremptoire en une simple invitation d'ac-

-complir son désir pour mériter ses bonnes grâces.

De vieille date, l'étiquette russe exigeait que les personnes en équipage s'arrêtassent chaque fois qu'elles rencontraient le souverain ou la souveraine, et, descendues à terre, se prosternassent, même dans la boue ou la neige. La coutume avait été abolie par Catherine II ; Paul jugea bon de la remettre en vigueur. Il alla jusqu'à infliger plusieurs jours d'arrêts forcés aux gens en voiture qui n'en descendaient pas sur son passage — et la bastonnade aux cochers !

Sur le siége, comme à l'intérieur du véhicule, on était sans cesse troublé par la peur de tomber sur le passage du redoutable monarque, toujours aux aguets.

Un gros volume se remplirait des excentricités de Paul. Nous en passons, et des meilleures peut-être, qu'on trouve recueillies avec soin dans les *Mémoires secrets sur la Russie* par Masson, qui nous a tracé du fils de Catherine II un portrait vivant, à la manière des peintres flamands. Ce livre, l'excellente

Histoire de Catherine par Castera et les *Mémoires* de Ségur ont répandu beaucoup de lumière sur la Russie de la fin du dix-huitième siècle. On ne saurait trop recourir à ces sources précieuses, sans lesquelles on n'aurait qu'une histoire de convention, officielle et mensongère.

Pierre III, forcé d'abandonner la confession luthérienne pour monter sur le trône de toutes les Russies, avait en profonde aversion la religion gréco-moscovite. Son fils fut un orthodoxe dans son genre, nullement intolérant.

Paul Ier ne persécuta aucune croyance, laissant, dans les mariages mixtes, liberté pleine et entière aux parents de déterminer le culte de leurs enfants. A l'exemple de son père, il étendit une égide tutélaire sur les vieux croyants et les autres sectaires de l'empire. Il amnistia même le fondateur des Skoptsi, qui, depuis longtemps en prison, avait su gagner la protection du comte Ilinski et fut, sur les instances de ce favori polonais, rendu à l'amour de ses adeptes. Il restitua aux moines Basiliens de Poczaiew les propriétés que leur avait confisquées Catherine. On lui prêta même l'intention colossale d'opérer la réunion des Églises d'Orient et d'Occident. C'est pour cela qu'il se serait fait proclamer grand-maître de l'Ordre de Malte, par une élection imposée aux chevaliers refugiés en Russie. Il aurait voulu également assumer le caractère sacerdotal, et prétendit un jour dire la messe devant toute la cour stupéfiée : sacrilége dont on eut beaucoup de peine à le détourner.

La tolérance de Paul n'allait pas jusqu'à admettre l'indifférence ou la libre pensée. Il exigeait de ses sujets, et aussi des étrangers, l'accomplissement des pratiques du culte dans lequel ils avaient été élevés. Comme les émigrés français négligeaient pour la plupart d'assister aux offices les dimanches et les jours de fête, il entreprit de les y contraindre. Une escouade de soldats les prenait à domicile, les conduisait rangés deux par deux, comme des prisonniers, jusqu'à l'église de Malte, et, la messe finie, les ramenait chez eux dans le même ordre militaire.

Celui qui aurait pu devenir l'élève de d'Alembert professait une horreur profonde pour la philosophie du dix-huitième siècle. Il y voyait la source principale de cette terrible Révolution française, qui ébranlait tous les trônes et tous les autels.

Au commencement de son règne, il pensa sérieusement à remettre sur le trône Louis XVIII, auquel il accorda un généreux asile dans le palais ducal de Mittau, avec une pension de 200,000 roubles. La seconde coalition contre la France se forma sous ses auspices et il conclut une alliance avec l'Angleterre, l'Autriche, le royaume de Naples et la Turquie. Cette dernière puissance, irritée de l'invasion de Bonaparte en Égypte, se trouvait engagée, malgré ses intérêts, dans la nouvelle croisade contre les Jacobins. La brillante campagne de Souvorof en Suisse et en Italie valut à cet homme de guerre, précédemment en disgrâce, d'être proclamé, par édit de son enthousiaste empereur, le premier général des temps anciens et modernes. Mais l'unique bataille de

Marengo vint bientôt anéantir le fruit de toutes les victoires de Souvorof. Le trop glorifié général, revenu à Saint-Pétersbourg, ne fut même pas admis à la cour ; il mourut tellement en défaveur auprès du maître, que ni les hauts fonctionnaires ni les diplomates étrangers n'osèrent accompagner son convoi. L'ambassadeur d'Angleterre protesta seul, par sa présence, contre l'abandon posthume de ce chef militaire d'un incontestable génie.

L'engouement que Paul avait eu pour Souvorof, il le reporta tout entier sur Bonaparte. Celui-ci avait su flatter l'amour-propre du fantasque autocrate, en offrant de le reconnaître comme grand-maître de l'Ordre de Malte et en lui renvoyant, sans échange, et habillés de neuf, tous les prisonniers russes tombés entre les mains des Français. Pour achever la séduction, Fouché entra en correspondance avec des dames de la haute société russe et gagna habilement à la cause du premier consul deux favoris : Rostoptchine, que l'incendie de Moscou devait rendre si célèbre, et Koutsaïtsof, ce barbier géorgien qui, enrichi, anobli et fait grand dignitaire, exerçait une influence prépondérante, en qualité de confident des faiblesses impériales. Car, de même que le père négligeait la belle Catherine d'Anhalt-Zerbst, pour Mlle Vorontsof, dont la laideur était presque repoussante, de même le fils préférait souvent à la belle Marie de Wurtemberg une espèce de grosse boulotte, à la taille rabougrie, qui s'appelait Mlle Nelidof.

Rostoptchine fit renvoyer de l'empire le général Dumouriez, venu pour intriguer en faveur des Bourbons, et rendit intenable la situation de l'ambassadeur d'Autriche, Cobenzel. Le gouvernement russe demandait au cabinet de Vienne de restituer sans délai leurs possessions au roi de Sardaigne et au pape. N'ayant pas obtenu une réponse satisfaisante, il rompit toute relation avec l'empereur d'Allemagne. Bonaparte envenimait la brouille en offrant habilement de restaurer le pape et de donner une compensation au roi de Sardaigne. En même temps, pour jeter une pomme de discorde entre l'Angleterre et la Russie, il proposait au tsar de prendre possession de l'île de Malte ; ce qui ne convenait nullement à la grande puissance maritime, convoitant pour elle-même la conquête de cette importante station au milieu de la Méditerranée, — conquête qui ne tarda pas à s'accomplir.

Furieux contre Pitt, dont il se voyait la dupe, le grand-maître de Malte *in partibus* fit revenir de Guernesey les dix mille hommes de troupes qu'il avait prêtés pour une descente en Bretagne, laissa partir de Saint-Pétersbourg lord Witworth et rappela de Londres son ambassadeur.

L'admiration que lui inspirait Bonaparte croissait chaque jour. Regardant un des portraits du moderne César, il s'écriait : « A nous deux, le monde ! »

Profitant de cette fascination, le gouvernement consulaire fit des ouvertures à Paul, en vue de former une ligue des neutres contre la prétention britannique de soumettre toutes les puissances au droit de recherche. L'autocrate y accéda, et c'est de son cerveau que sortit, avec l'idée d'une alliance franco-russe, de plus en plus intime, le projet d'une invasion des Indes :

« Une armée française de trente-cinq mille hommes, pourvue d'une artillerie légère, partira de France, sous les ordres de Masséna, et descendra, d'Ulm, le Danube, jusqu'à la mer Noire. De là, une flotte russe la transportera à Taganrog. Elle gagnera ensuite Tsaritsine, sur le Volga, d'où des bateaux la transporteront à Astrakhan.

« Là, s'opèrera sa jonction avec une armée russe de trente-cinq mille hommes, composée de quinze mille d'infanterie, dix mille de cavalerie, dix mille kozaks et beaucoup d'artillerie.

« L'armée réunie des deux puissances sera transportée, par la mer Caspienne, d'Astrakhan à Astrabad, où des magasins de tous les approvisionnements nécessaires à son usage auront été établis.

« La marche des frontières de France à Astrabad est supposée pouvoir s'accomplir en quatre-vingts jours ; il faudra

« cinquante jours de plus pour amener « l'armée sur les bords de l'Indus, par la « route de Hérat, Télah et Candahar. »

« L'abandon de ce projet, » dit un historien anglais, « fut un heureux événement pour la France et la Russie, plutôt que pour l'Angleterre, car celle-ci n'aurait eu rien à craindre des débris d'une armée qui se serait fondue en route avant d'atteindre les frontières de l'Inde. »

Si ce plan téméraire, extravagant même, tel qu'il est rapporté par Hardenberg, eût été mis à exécution sur-le-champ, ou s'il était resté dans les archives pour en sortir à l'heure favorable — sans doute, l'Angleterre n'aurait pas eu grand'chose à craindre pour ses possessions asiatiques des forces réunies de la Russie et de la République consulaire. Mais l'alliance de ces deux puissances amenait déjà pour elle en Europe une situation des plus périlleuses. Elle le sentit si bien que Pitt parlait de sortir du cabinet, se considérant comme l'obstacle principal à une paix devenue d'une nécessité urgente.

Les monarchistes français étaient atterrés, car Paul venait de prouver que son dévouement à Bonaparte n'avait plus de bornes, en expulsant brutalement Louis XVIII. Ce qui se préparait aurait indubitablement ruiné la cause royaliste. On savait que M. de Kalitchef, le chargé d'affaires russe, poussait de tous ses efforts le vainqueur de Marengo à se couronner lui-même. Qui peut dire dans quel étrange courant le monde aurait été lancé, si l'ardent allié de la France n'était pas mort d'une façon aussi tragique qu'inattendue ?

La disparition de Paul Ier priva brusquement la France d'un auxiliaire important et débarrassa l'Angleterre d'un adversaire redoutable. Elle consolida le cabinet ébranlé de Pitt et fut tellement utile à sa politique, qu'on a pu croire d'emblée en Europe et qu'on croit encore en Russie, à l'heure actuelle, que cette politique, parfois sans scrupule, ne fut pas étrangère au sinistre événement.

Écartant une telle imputation, quelques

historiens prétendent que le tsar, de plus en plus maniaque, avait soulevé contre lui l'opinion publique et que la dignité humaine révoltée arma contre lui des meurtriers.

Ces historiens connaissent mal la nation dont ils parlent, quand ils lui attribuent, au commencement de ce siècle, en l'an 1801, une susceptibilité morale qui ne s'était pas encore manifestée. Ils connaissent mal aussi les héros du drame impérial, quand ils en font des Harmodius et des Aristogiton. Nul sentiment de liberté n'animait le groupe des conspirateurs dirigés par le comte Pierre de Pahlen. Ces hommes, pourvus la plupart de hauts grades militaires, étaient tous plus ou moins de joyeux viveurs, que l'appât de l'or pouvait seul pousser à une dangereuse entreprise. Ils n'avaient pas d'autre mobile. Parmi eux ne figurait aucun Polonais, mais un Polonais fut leur victime : c'était le fidèle haïduque qui couchait à la porte de la chambre impériale, et qui s'efforça, lui seul, d'en défendre l'entrée aux agresseurs. Ce haïduque, nous le savons de bonne source, était un ancien prisonnier de la confédération de Bar.

On se rappelle comment le meurtre se commit. Benningson, l'épée à la main, présente à Paul un acte d'abdication à signer. L'autocrate refuse avec énergie. Valérien Zoubof le terrasse d'un vigoureux coup de tabatière, et Yachvil l'étrangle avec une écharpe d'officier. Tout finit dans les ténèbres, l'un des conspirateurs ayant eu soin d'éteindre la lampe qui éclairait la chambre à coucher.

Après avoir introduit ses complices, le gouverneur de Pétersbourg, général Pahlen, attendait dans la cour du Palais l'issue de l'affaire. Informé de la réussite, il alla trouver Alexandre, qui se laissa proclamer empereur, non sans donner des regrets à la mémoire de son père.

Quant à Constantin, vivante image de Paul, par les traits du visage comme par les bizarreries du caractère, il avait été laissé dans l'ignorance complète de ce qui se tramait; il fut aussi surpris que navré de douleur en apprenant le funeste événement.

La joie, en Angleterre, surpassa celle qui

s'est produite de notre temps à la mort de Nicolas. Il n'en fut pas de même en France. Le premier consul fit insérer les lignes suivantes dans le *Moniteur* :

« Paul est mort dans la nuit du 23 mars.
« La flotte anglaise a franchi le Sund le 30.
« L'histoire dévoilera la coïncidence qui
« peut exister entre ces deux événements.
« C'est à l'histoire à éclaircir le mystère de
« cette mort tragique et à dire quelle est,
« dans le monde, la politique intéressée à
« provoquer une telle catastrophe. »

Bonaparte était bien renseigné par Fouché, en correspondance avec l'élégante société de Saint-Pétersbourg. Si utile que pouvait être son insinuation à ses intérêts du moment, elle s'appuyait sur les détails les plus circonstanciés. Il y a beaucoup de légèreté ou de mauvaise foi chez M. Thiers, quand il écrit, dans son *Histoire du Consulat et de l'Empire* :

« L'Angleterre fut aussi surprise de la mort du tsar que le reste de l'Europe. »

Le promoteur principal du crime, le comte Pahlen, par pudeur plutôt que par remords, ne tarda pas à se retirer du monde politique. Il passa, dans sa terre de Hof-zum-Bergen, en Courlande, une existence opulente et paisible, qu'il ne termina qu'en 1826, à l'âge de quatre-vingt-deux ans. Son fils occupa le poste d'ambassadeur à Paris sous Louis-Philippe.

Le général comte Benningsen commandait l'armée envoyée au secours de la Prusse après la bataille d'Iéna ; il fut un des héros de 1812.

Les deux frères Zoubof reçurent l'ordre de quitter la capitale et d'aller habiter dans les résidences champêtres qu'ils tenaient de la munificence de Catherine, à laquelle ils avaient suggéré les deux derniers partages de la Pologne.

Les autres régicides continuèrent leurs carrières au service de l'État.

Mort comme un tyran, Paul n'en mérite certainement pas le surnom. S'il distribuait avec trop de facilité les coups de bâton aux soldats, pour renforcer la discipline ; s'il promulguait des règlements vexatoires et puérils, sévèrement exécutés ; s'il répandait, sans discernement, les faveurs et les disgrâces, tout cela le range, non parmi les tyrans, mais parmi les maniaques.

Il n'a persécuté aucune nationalité ni aucune croyance de son empire. Affolé d'abord par la Révolution, qui avait renversé les Bourbons, il poussa, sans doute, l'esprit d'obscurantisme jusqu'à prohiber tous les livres en langue française; mais, avec une heureuse inconséquence, il fondait l'Université de Dorpat.

Il lui arrivait de céder à des colères irréfléchies, mais il avait aussi de prompts et nobles repentirs. Sa conduite, dans diverses circonstances, dénote une âme généreuse, qu'une éducation déplorable et de mauvais traitements n'avaient pas réussi à pervertir tout à fait.

Dans plus d'un trait de sa vie, on trouve une courtoisie délicate que fait ressortir l'originalité même de son caractère.

Ainsi, à l'occasion d'un service funèbre en mémoire de son beau-père, le grand-duc de Wurtemberg, jugeant qu'en sa qualité d'empereur orthodoxe de Russie il ne pouvait convenablement figurer à l'office d'un culte étranger, il imagine d'assister à la cérémonie dans la rue. Il se met à la tête des grenadiers qui formaient un cordon aux abords de l'église, et comme le froid était intense, il fait galoper son cheval pendant plus d'une heure, dans l'étroit espace militairement occupé.

A l'enterrement de Stanislas Poniatowski, mort à Saint-Pétersbourg en 1798, il assuma le rôle de décorateur. Par lui-même furent prises toutes les dispositions intérieures; il regardait clouer les tapisseries et faisait placer à sa guise les vases ornés de fleurs.

La messe achevée, il entra dans l'église et déposa sur la tombe du dernier roi de Pologne une couronne magnifique.

Au commencement de son règne, Paul Ier se trouva engagé dans la fausse politique du règne précédent, qui le rendit promoteur d'une coalition contre le Directoire français. Mais, en s'alliant avec la grande puissance qu'il venait de combattre, il inaugura l'ère de la seule politique vraie et féconde pour la Russie.

Tant que la Pologne indépendante séparait l'empire des tsars du reste de l'Europe, on comprend la tendance à se rapprocher de plus en plus des États germaniques; mais, du jour où la Russie remplaça géographiquement la Pologne démembrée, une étroite amitié avec la France était clairement indiquée.

Ainsi s'ouvraient des horizons nouveaux, où pointaient déjà la réconciliation des peuples de même race et leur fédération, basée sur la justice mutuelle.

Ce n'est pas un faible mérite, dans celui qui passe pour un fou couronné, d'avoir eu comme une intuition de cet avenir glorieux et d'avoir songé à y coopérer activement.

« A nous deux le monde! » Cette exclamation qui échappa à Paul peu de temps avant sa mort, voulait dire la réorganisation harmonieuse des pays latins par la France et l'émancipation fraternelle des pays slaves par la Russie.

Dans ce travail des deux puissances, agissant d'accord au profit de la civilisation générale, leurs intérêts réciproques ne se seraient jamais heurtés, et il en serait résulté, dans l'Europe continentale, un état de choses juste et équitable, auquel l'Allemagne faisait et fait encore obstacle : résistance malfaisante, que le premier consul serait parvenu à vaincre d'une manière définitive, s'il avait eu, seulement pendant plusieurs années, l'appui loyal et sincère de Paul Ier.

Voilà ce qu'une écharpe meurtrière a fait avorter!

Alexandre hérita des vues bienveillantes de Paul à l'égard de la Pologne, en abandonnant toutefois l'idée de la reconstituer sous son sceptre avec l'aide de Bonaparte. Or, c'est ce concours, c'est cette union des intérêts slaves avec les intérêts latins qui aurait rendu l'œuvre solide et durable, en prévenant à jamais les retours de l'usurpation germanique.

II

Alexandre Ier

Le règne d'Alexandre agrandit la Russie au dehors, mais il fut un avortement à l'intérieur.

L'empire avait, à la mort de Catherine, 33 millions d'habitants, sur une superficie de 18,200,000 kilomètres carrés. Son petit-fils le laissa avec 55 millions d'habitants et une superficie de 20,500,000 kilomètres carrés.

Mais, si l'on compare les améliorations introduites à ces deux époques, il y a plutôt recul que progrès dans la dernière. Le despotisme de Catherine s'était presque dépouillé de ce caractère de barbarie asiatique qu'il reprit sous la dictature brutale d'Araktcheïef. La situation des serfs, en dépit des bonnes intentions du souverain, était devenue pire que par le passé dans la Grande-Russie et en Lithuanie. Les réformes administratives de Speransky, imbu de la constitution napoléonienne de l'an VIII, n'étant qu'incomplétement et mal appliquées, facilitèrent, au lieu d'entraver, les abus de toute espèce d'une bureaucratie vénale et arbitraire au suprême degré. Les lois, sans cesse multipliées, formèrent cet inextricable chaos qui aida le juge à mieux dépouiller le plaideur et à faire trop souvent retomber sur un innocent la peine à laquelle échappait le coupable. La corruption envahit tous les degrés de l'échelle administrative et sociale.

Alexandre, dans la première période de sa vie, adoucit la censure, encouragea la Franc-Maçonnerie, à laquelle il se fit initier, favorisa la propagation de la Bible en quarante et une langues, fonda les Universités de Kazan, de Kharkof et de Saint-Pétersbourg, permit aussi à l'Université de Vilna de prendre, sous la direction du prince Adam Czartoryski, un impétueux essor.

Mais ensuite, ce même souverain imposa aux livres les rigueurs les plus puériles, ferma les loges maçonniques, subordonna la distribution de l'Écriture-Sainte au contrôle du synode : ce qui équivalait à une interdiction, que Nicolas s'empressa de promulguer. Vis-à-vis des Universités, il prit toutes les mesures propres à abaisser le niveau des études et sanctionna, dans la capitale de la Lithuanie, la persécution féroce exercée par le proconsul Novosiltsof contre les professeurs et les élèves.

En rapprochant ces contradictions, on serait porté à attribuer les faits du même règne à deux souverains différents.

Et pourtant celui qui régnait était toujours le même homme, doué d'une belle intelligence et d'un bon cœur; mais sans convictions arrêtées, sans principes solides, sans persévérance de volonté. Esprit vacillant, nonchalant, molasse, paresseux, prompt à se décourager au moindre obstacle, enclin à voir dans l'erreur la vérité et dans la vérité l'erreur, ne sachant vouloir le bien qu'à demi, il ne se rendait pas clairement compte du but de ses actions; car ce but se présentait à ses yeux comme à travers un nuage que son imagination colorait de fantaisies et de chimères.

« Son caractère, en somme — comme l'a dit un de ses historiens, Alphonse Rabbe, — n'a offert que des surfaces rayonnantes, il est vrai d'un doux éclat, mais où la mansuétude a plus brillé que la force et sur lesquelles ont successivement glissé des idées d'emprunt et des systèmes sans liaison nécessaire entre eux. »

Napoléon, dont les jugements ont été dictés parfois par la passion ou le dépit, a égaré l'opinion publique en appelant son vainqueur sans génie « un grec du Bas-Empire ». Ce qu'il attribuait à l'astuce et à la dissimulation, provenait tout simplement d'une imagination trop disposée à de brusques et capricieux changements. Dans les mots qu'il ajoute à son verdict, nous n'apercevons pas autre chose :

« Que de discussions n'ai-je pas eues avec
« lui ! Il soutenait que le droit héréditaire
« est un abus, et j'ai dû épuiser toute mon

« éloquence et toute ma logique pendant une
« heure entière, pour lui prouver que le
« droit héréditaire maintient le repos et le
« bonheur des nations. Peut-être voulait-il
« me mystifier, car il était rusé, faux et
« habile. »

Il n'en est rien. L'élève du suisse Laharpe
se rappelait sans doute une thèse soutenue
par le professeur républicain et trouvait
piquant de mettre le fils de la Révolution
française en contradiction avec sa mère.
Il n'eut, d'ailleurs, jamais la conviction
intime et profonde de la légitimité de l'abso-
lutisme monarchique; on l'entendit s'écrier,
peu de jours avant sa fin, en Crimée : « On a
beau dire ce qu'on veut de moi, j'ai vécu et
je mourrai républicain. »

Comment ce républicain a-t-il pu se mettre
à la tête d'une sainte-alliance des rois contre
les revendications les plus justes des peuples?
Comment a-t-il pu se faire le protecteur
d'abominables tyrans en Espagne et en
Italie? Comment a-t-il pu abandonner la
Grèce au glaive ottoman, fouler aux pieds la
Constitution qu'il avait donnée à la Pologne

et livrer son empire au régime impitoyable d'un Araktcheïef?

Tout cela étonne certainement, mais s'explique par une disposition morbide à se laisser influencer par le premier venu et faute d'initiative, à trouver plus commode de marcher à la remorque des événements que d'essayer de leur imprimer soi-même une impulsion mûrie et méditée.

Fataliste et superstitieux, Alexandre reculait devant les difficultés ; avec toutes ses belles qualités, il était au plus haut degré timide et versatile. De là toutes ses défaillances, toutes ses fautes, tous ses malheurs, et le malheur aussi des peuples soumis à son sceptre.

La dévotion qui se développa chez Alexandre, par les enseignements de la protestante Mme Krudener, ne le rendit jamais persécuteur. Il n'abandonna jamais la maxime d'un de ses oukases, au sujet des raskolniks, où il disait : « La raison et l'expérience ont
« dès longtemps démontré que les erreurs
« spirituelles du peuple, dans lesquelles les
« exhortations de commande ne font que

« l'enfoncer davantage, ne peuvent être gué-
« ries et dissipées que par l'oubli et la tolé-
« rance. Il ne convient pas à un gouverne-
« ment d'employer la violence et la cruauté
« pour convertir des enfants égarés. »

Le bannissement des Jésuites semble faire exception à ce sentiment de liberté religieuse qu'Alexandre pratiquait lui-même en priant indifféremment avec les catholiques, les grecs et les protestants (1).

Alexandre se délectait au milieu des sectes mystiques. Il fit l'accueil le plus hospitalier à une députation de quakers, assista pieusement à leur office et embrassa la main du vénérable Allen, qui lui présenta ses coreligionnaires, dont plusieurs, protégés et encou-

---

(1) La Compagnie de Jésus ayant été dissoute par Clément XIV, en 1773, trouva deux refuges en Europe : chez Frédéric de Prusse et chez Catherine de Russie. Ces deux disciples de Voltaire se montraient hospitaliers à l'égard de la milice de Loyola, non par généreuse sympathie pour des persécutés, mais dans l'intérêt de l'éducation publique. Catherine refusa obstinément de publier le bref de suppression. En ceci, Paul Ier fut d'accord avec la politique de sa mère : il sollicita et obtint de Pie VII un bref qui restaurait en Russie les Jésuites, mesure qui prépara leur rétablissement total dans les deux hémisphères.
Un an plus tard, Alexandre Ier fermait par un oukase leur

ragés par le gouvernement, s'établirent aux environs de Saint-Pétersbourg, où ils créèrent des fermes modèles. De même furent admis au palais Mme Tatarinof et sa suite de convulsionnaires, qui donnèrent, devant la cour, des représentations plutôt folles qu'édifiantes, mais qu'Alexandre contemplait avec un pieux recueillement.

Autant Paul froissait par sa laideur, autant son fils charmait par sa beauté. En comparant leurs traits, on ne comprenait pas comment l'un avait pu être l'auteur des jours de l'autre. Ils se ressemblaient comme à une idole kalmouke ressemble une statue grecque.

Alexandre portait sur son visage la majestueuse sérénité d'un dieu de l'Olympe. Il exerçait une immense fascination sur les

---

collège de Saint-Pétersbourg. Cette détermination, imprévue chez l'auteur de la Sainte-Alliance, s'explique par un petit événement d'alcôve qu'on raconte en ces termes :

Marie Antonovna s'était avisée de se confesser à un jésuite portugais, qui lui imposa pour pénitence de ne pas recevoir le monarque à son retour de Paris et, en effet, quand celui-ci se présenta plein d'ardeur, il se heurta contre une porte fermée. Grande fut sa colère, qui retomba tout entière sur la Compagnie dont un des membres avait osé se mettre en travers de son amour.

femmes, non-seulement par ses avantages physiques, mais par l'élégance de ses manières, la douceur de son langage et la tournure galante de son esprit.

Cependant son mariage ne fut pas heureux. Il avait à peine seize ans, quand Catherine II, s'érigeant en gardienne vigilante de la pureté de ses mœurs, lui fit épouser une princesse de Bade, âgée de quinze ans. Deux filles, nées dans les premières années de cette union précoce, moururent encore au berceau. Peu à peu, cédant à d'autres séductions, le jeune prince rompit en quelque sorte à l'amiable ses liens conjugaux, et, laissant à la douce et bonne Élisabeth une liberté dont elle n'abusa pas, bien que l'on dise qu'elle n'ait pas été tout à fait insensible aux hommages d'un Polonais célèbre, qu'il est inutile de nommer, et qui, dans sa vieillesse la plus avancée, gardait un tendre souvenir de cet attachement romanesque sur lequel l'histoire garde un silence discret. Assez d'impératrices de Russie ont fait parler d'elles, au point de vue de la galanterie, pour qu'il soit inutile de chercher à en augmenter le nombre.

Polonaise aussi était la femme qui captiva pendant onze ans le chevaleresque monarque. C'était Marie Czetwertynska, mariée avec le grand écuyer Dmitry Narichkine, qui accepta sa position avec la résignation d'un courtisan. La légende populaire russe conserve sa mémoire sous les prénoms de Maria Antonovna.

Cette « noble et honneste dame » — comme l'aurait sans doute désignée Brantôme, — rappelait, par ses charmes, son caractère, son esprit, ses raffinements voluptueux, la fameuse Diane de Poitiers. On raconte qu'elle avait imaginé de prendre des bains de Malaga. Ce vin, qui avait servi à des immersions complètes, était remis en bouteilles par la valetaille et revendu au public, avec profit, non malgré, mais *à cause* de sa provenance constatée.

Cet étrange sybaritisme de certains Pétersbourgeois ne doit pas étonner les Polonais, parmi lesquels existait, il n'y a pas encore longtemps, l'usage, après une mazourka échevelée, de boire dans la bottine toute chaude des danseuses. Nous avons vu nous-même un prince Gedroyc, user ainsi, en guise de verre à champagne, le soulier avec lequel la Taglioni avait dansé dans un ballet en cinq actes.

La couronne des rois ou des empereurs, on le sait, ne les assure pas plus que les simples mortels contre l'inconstance du beau sexe. Marie Antonovna ne se piquait pas de fidélité envers Alexandre, pas plus que Diane de Poitiers envers François Ier, et les deux augustes amoureux, après avoir voulu rompre cent fois, reprenaient toujours leurs chaînes.

Mme Narichkine donna trois enfants à son impérial adorateur. Deux s'éteignirent en bas âge; seule, la gracieuse Sophie atteignit sa dix-huitième année; mais, prise d'une cruelle maladie de poitrine, elle mourut également... La douloureuse nouvelle parvint à l'empereur au milieu d'une revue : « Je reçois — dit-il — le châtiment de mes péchés ! »

De ce jour-là, le spleen, qui l'envahissait depuis quelques années, s'appesantit jusqu'à l'écraser. Abandonnant complétement les affaires de l'État aux mains d'un indigne remplaçant, il cherchait la solitude au milieu des allées de sa résidence de Tsarkoe-Selo. Plongé dans une dévotion mystique toujours croissante, il allait trouver les moines pénitents et ascètes au fond de leurs cellules, et, de ses entretiens avec eux, il sortait plus triste, plus sombre, plus absorbé en lui-même.

La maladie qui le tourmentait était une névrose. Alimentée, au lieu d'être combattue, elle le rendit facilement la proie des fièvres de Crimée, et l'aurait conduit à la folie persistante, s'il ne s'était éteint dans un délire momentané. Déjà il avait donné des symptômes d'aberration mentale avant de s'aliter pour mourir. Se promenant la nuit en voiture, il aperçut à l'horizon une comète :

« — Sais-tu, demanda-t-il à son fidèle cocher Ilia, ce qu'annonce cette étrange étoile ? »

« — Non, sire ! »

« — C'est le présage pour moi de quelque funeste événement; mais que la volonté de Dieu soit faite ! »

Ainsi les autocrates russes, jouant au César romain, s'ils ne savent pas en reproduire la grandeur, nous en renouvellent les absurdes petitesses. Le sentiment de la toute-puissance qui n'appartient qu'à l'Être suprême, égare la raison humaine. Napoléon l'a reconnu lui-même, lorsqu'il a dit, en parlant du palais des Tuileries : « On devient fou dans cette maison ! »

Alexandre surprit péniblement tous les convives, au banquet que lui offrit le comte Vorontzof, dans sa villa d'Aloupka, par des discours étranges et incohérents.

« Orienda est un bien beau site ! — remar-
« qua-t-il à plusieurs reprises. — J'y cons-
« truirai un palais, où je viendrai m'établir,
« après avoir donné ma démission. Alors je
« porterai le costume des habitants de la
« Tauride. Diebitch aura une habitation à
« côté de la mienne, car il est tout naturel
« que mon chef d'état-major et moi, nous
« soyons voisins ! »

Cette scène se passait le 18 octobre 1825. Revenu à Taganrog, Alexandre expirait le premier décembre de la même année, à peine âgé de quarante-huit ans. Il se rendit bien compte du mal auquel il succombait, quand il dit à son médecin, sir James Wylie : « Mon ami, mes nerfs sont dans un désordre « effrayant ! »

La fin tragique de Pierre III et de Paul Ier avait déshabitué l'Europe d'admettre qu'un tsar moscovite pût mourir d'une façon naturelle. De là les bruits accrédités d'un empoisonnement, qui n'a pas eu lieu, et ce bon mot de Talleyrand : « Il serait bien temps que les empereurs de Russie changeassent de maladie ! »

On ne croira jamais, peut-on répondre au spirituel diplomate, que les locataires du palais d'hiver ont changé de maladie, tant qu'ils n'auront pas changé le *modus vivendi* de leur gouvernement.

Alexandre, qui avait un véritable culte pour les femmes, chez lesquelles il cherchait toutes ses inspirations, a été très-malheureux de ne pas rencontrer une Égérie capable de le guider dans les sentiers de la sagesse.

L'impératrice Élisabeth était une femme de ménage, sans valeur intellectuelle. Marie Czetwertynska rivalisait avec Aspasie par ses enchantements sensuels, mais elle n'avait rien de la haute raison de la courtisane grecque auprès de laquelle Socrate venait s'instruire et se perfectionner en philosophie.

Mme Krudener, toute spirituelle qu'elle était, eut l'influence la plus funeste sur son adorateur et disciple. Elle le plongea d'une manière irréparable dans un mysticisme malsain, aboutissant à la folie, et elle en fit sortir cette infernale élucubration qui s'est appelée la Sainte-Alliance. Mme Krudener avait treize ans de plus qu'Alexandre et fit sa connaissance lorsqu'elle comptait déjà cinquante et un printemps. Tout porte à croire que cette liaison amoureuse resta toujours platonique. Cependant je n'en jurerais pas.

SOUVENIRS
DE MES JEUNES ANNÉES

Juvat meminisse.

I

Les Récits du comte de Witt.

En 1835, je servais dans le régiment des hussards d'Achtyrka. Placé sous les ordres du général en chef comte de Witt, je remplissais souvent, auprès de sa personne, les fonctions d'officier d'ordonnance.

Le comte de Witt père, engagé d'abord sous les drapeaux de la République polonaise, s'était fait connaître comme commandant de Kamieniec et avait été ensuite admis au service de la Russie, avec le grade de général. De son mariage avec une esclave grecque, la belle Mavrocordato, était issu le fils aux ordres duquel je me trouvais attaché et qui me considérait en quelque sorte comme son parent; car sa mère, après avoir divorcé avec le comte de Witt, avait épousé mon grand-père du côté maternel, le comte Félix Potocki.

Mon commandant en chef avait débuté, comme officier aux gardes, sous l'empereur Paul, qui l'honorait — m'a-t-il dit — de sa bienveillance toute spéciale. Causeur infatigable, il aimait à me raconter la passion dont s'était éprise pour lui la première femme du grand-duc Constantin. Il se vantait encore de beaucoup d'autres bonnes fortunes, mais la longue liste de ses conquêtes à la Casanova, rappelant les « mille et une » de Don Juan, me semble d'une authenticité contestable.

Le comte de Witt avait eu un avancement rapide; il était colonel de cuirassiers à la bataille d'Austerlitz, où la cavalerie russe lâcha pied. La faute retombait sans doute sur le grand-duc Constantin, dénué de toute capacité militaire, mais ce furent les subalternes qui payèrent les pots cassés, comme c'est l'usage en pareil cas. Le colonel de Witt, mis en disponibilité, subit une disgrâce momentanée. L'empereur Alexandre, qui rendait justice à ses talents divers, surtout à sa finesse d'observation, le fit, en 1809, attaché militaire auprès de l'armée française. C'est ainsi qu'il était présent à la bataille de Wagram et gagnait la faveur de Napoléon, qui lui proposait d'entrer dans l'armée du grand-duché de Varsovie. Mais la volonté impériale se heurta contre une invincible opposition de la part du prince Poniatowski, racontait le comte de Witt, en ajoutant :

« Voilà comment, au lieu de faire partie de la grande armée et d'entrer avec les Français à Moscou, je suis resté au service de la Russie, et, nommé général, je fus chargé, en 1812, de former quatre régiments de kozaks, qui restèrent sous mes ordres et se distinguèrent pendant les campagnes de 1813 et 1814. »

Au moment de la formation, par le congrès de Vienne, du royaume de Pologne, de Witt demanda, de même que Stanislas Potocki, Ozarowski, Wlodek et L. Branicki, mon père, à faire partie des troupes polonaises.

L'empereur Alexandre leur répondit à tous par la proposition d'entrer dans le corps de Lithuanie, qu'il avait l'intention de fondre avec l'armée du royaume, en réunissant à ce royaume les provinces de l'ancienne république directement rattachées à la Russie.

Le corps de Lithuanie était sous les ordres du grand-duc Constantin, et, comme de Witt n'était pas en bons termes avec le tsarévitch depuis Austerlitz, il préféra rester à la tête de ses kosaks, changés en lanciers de l'Ukraine et cantonnés dans le gouvernement de Kherson, après un essai de sédition contre cette transformation qui les astreignait à vingt ans de service.

Le comte de Witt fut le premier à communiquer à l'empereur Alexandre le complot militaire que tramait le colonel Pestel, dans l'armée du Midi, commandée par le feld-maréchal Wittgenstein, ayant pour chef d'état-major le comte Kisselef, plus tard ministre des domaines et ambassadeur à Paris.

Cette information valut à de Witt les bonnes grâces de l'empereur Nicolas, qui le mit à la tête du premier corps de cavalerie de réserve, dans la campagne contre l'insurrection polonaise de 1830-31, et le nomma ensuite général-gouverneur de Varsovie. Il ne garda pas longtemps cette place, à cause d'une brouille avec le maréchal Paskéwitch et reçut, en échange, les fonctions d'inspecteur-général de toute la cavalerie colonisée. Il cumula avec cela une autre charge : la surveillance de deux gouverneurs-généraux — celui d'Odessa et celui de Kiew, — dont se méfiait, sur certains rapports, le plus soupçonneux des monarques. Le premier de ces dignitaires était le comte Vorontzof ; le second, après Levachof et Gourief, fut le fameux Bibikof, auquel j'ai consacré quelques lignes dans ma lettre préliminaire.

J'accompagnais le général de Witt dans ses fréquents voyages d'inspection. Il profitait des loisirs de la route pour me raconter à satiété ses prouesses amoureuses, il y mêlait des détails tellement intimes, qu'il semblait oublier que son confident n'avait pas encore vingt ans. Mais il ne l'oubliait probablement pas et voulait — je pense — faire mon éducation galante, en même temps que mon éducation politique.

Des souvenirs de la Confédération de Targowitsa, où son père avait joué un certain rôle, il passait, sans transition, à des temps plus récents. Ainsi, il me raconta comment il avait eu vent des projets révolutionnaires du colonel Pestel.

Il en avait été instruit par une indiscrétion féminine. De Witt crut d'abord qu'il s'agissait simplement de renverser le comte Araktcheïef, le favori tout-puissant des dernières années du règne d'Alexandre Ier. Dans ce cas, comme il détestait l'odieux grand-vizir de la Russie, il eût gardé la chose secrète. Mais il apprit plus tard, par le major Maiboroda, que les conspirateurs méditaient un attentat contre la vie de l'empereur lui-même.

« Après cela, me dit-il, toute hésitation m'eût paru criminelle. Je partis en hâte pour

Tulczin, où se trouvait le monarque, auquel je révélai personnellement le danger qui le menaçait. Sa Majesté m'apprit que déjà un Anglais au service russe, le sous-officier Sherwood, lui avait dévoilé l'existence d'une autre société secrète dans le nord de l'Empire, et qu'Elle avait reçu, à ce sujet, des rapports d'une chancellerie étrangère. Son intention à l'égard des coupables était de les traiter avec clémence. »

« Invité par l'Empereur — continua de Witt — à le rejoindre à Taganrog, j'y arrivai muni de renseignements d'une autre source. Auprès d'Elisabethgrad, vivait un propriétaire très-lettré, appelé Bochink. Il venait me voir assez souvent, et sa conversation pleine de réticences se présenta à ma mémoire, en pensant au complot, dont ce Bochink m'avait parlé d'une manière vague, comme s'il voulait sonder ma façon de penser. — Il sait plus qu'il ne m'a laissé comprendre sur les menées révolutionnaires, me dis-je en moi-même, c'est sans doute un agent recruteur de la société du midi, et il n'a visé à rien moins qu'à me faire participer à l'attentat projeté.

« Dans cette conviction, au moment où j'allais me mettre en route, j'accueillis Bochink de la façon la plus cordiale : « Veuillez, lui dis-je, m'accompagner jus-« qu'à ma terre de Gromokleïa : votre « société me fera paraître le voyage court et « agréable. » Le visiteur accepta la proposition sans la moindre défiance et monta en voiture avec moi. Une fois sur le grand chemin, jugez de la figure qu'il fit quand je prononçai d'un air décidé ces paroles : « Mon cher Bochink, il ne faut pas vous « étonner si vous allez plus loin que vous ne « l'avez cru. Je vous emmène à Taganrog, « avec deux gendarmes pour escorte derrière « la voiture. Les demi-confidences que vous « m'avez faites m'engagent à vous prier « de les compléter devant Sa Majesté elle-« même. »

« L'Empereur, auquel je voulus présenter mon compagnon de voyage, refusa de le voir et chargea Diebitch de l'interroger. Le pauvre diable, plus mort que vif, fit une confession complète, dans l'espérance d'obtenir une diminution de la peine à laquelle il s'attendait. Mais ce à quoi il ne s'attendait guère, c'est qu'il fut renvoyé dans sa propriété avec une récompense pécuniaire.

« Cela prouve déjà que le généreux Alexandre n'avait aucune envie de sévir, ce qu'il me confirma d'ailleurs en ces termes :

« Le lieutenant-colonel de cavalerie Lou-
« nine est un fou, comme le prouve assez
« sa conduite vis-à-vis de mon frère Cons-
« tantin ; il ne faut pas attacher trop d'im-
« portance à l'intention qu'il a manifestée de
« me tuer (1). Le lieutenant-colonel d'in-
« fanterie — Serge Apostol — est une autre

---

(1) Lounine ayant reçu du tsarévitch un affront public à une parade, présenta sa démission du service. Alexandre ayant eu l'explication de la chose, trouva que son frère avait eu tort, et l'engagea à faire amende honorable à l'officier qu'il avait humilié. Constantin, pour se conformer au désir impérial, invita Lounine à venir chez lui, et d'une manière fort gracieuse, lui déclara qu'il était sincèrement fâché de ce qui s'était passé, en ajoutant : « Cette réparation doit vous satisfaire, ce me semble, à moins que vous ne songiez à vous battre avec moi.... » — « L'honneur est trop grand pour que je le refuse, Monseigneur, » — répondit Lounine, en dégaînant son épée. — Saisi de peur, comme à Austerlitz, le grand-duc s'échappa de la salle et ferma la porte derrière lui. Maître du champ de bataille, Lounine remit

« tête à l'envers. La pythonisse Lenormand
« a dérangé son cerveau en lui prédisant
« qu'il serait le Bonaparte de la Russie. Le
« général major Volkonski est un conspi-
« rateur pour rire; il s'est laissé entraîner
« par pure bêtise à des menées coupables.

« Quant au colonel Pestel, c'est différent :
« voilà un homme vraiment supérieur, froid
« et réfléchi et sans la moindre exaltation.
« Comment a-t-il pu se dévouer à une entre-
« prise d'une réussite si peu probable?...
« Maintenant que tout est dévoilé, j'aurais
« tort d'exagérer le péril qui menaçait ma
« personne et l'État... Diebitch débrouillera
« l'affaire, et elle se terminera par quelques

---

tranquillement la lame dans le fourreau et s'en alla d'un air de triomphe. Je dois dire cependant à l'honneur de son adversaire que, loin d'en vouloir à l'officier de cette incartade, il eut de ce jour-là une profonde estime pour lui, et fit des efforts réitérés pour obtenir la grâce du lieutenant-colonel de cavalerie, que l'inflexible Nicolas condamna aux travaux forcés en Sibérie, peine commuée, au bout de quelques années, en simple internement.

Lounine, conservant sa fougue et sa bonne humeur, est mort dans l'exil. Vers la fin de ses jours, peut-être un peu par bravade vis-à-vis du gouvernement orthodoxe, il abjura la religion grecque et construisit à ses frais une chapelle catholique dans la ville de Tobolsk.

« mois d'arrêts pour les principaux cou-
« pables. Cela suffira pour les faire rentrer
« dans leur bon sens, et la carrière d'aucun
« d'eux ne sera brisée. Parmi ces conspi-
« rateurs, la plupart sout des hommes de
« valeur. Il ne faut pas que la patrie se prive
« de leurs services ! »

L'empereur Alexandre, dans une série de
conversations, se montra très-expansif avec
de Witt. Il lui étala les vastes projets qui
bouillonnaient dans sa tête, au moment
même où la mort allait terminer son règne.

Toutes ces idées avortées n'ont qu'un
intérêt tout-à-fait rétrospectif. Les voici
pourtant résumées en peu de mots :

1º La Pologne aurait perdu sa Charte
constitutionnelle et son Parlement, qu'auraient remplacé des conseils généraux (Rady
Woiewodskie); mais, en revanche, elle eût
été agrandie par l'annexion des provinces
de Vilna, Grodno, Volynie et Podolie. Le
Code Napoléon devait s'étendre sur toute
cette surface du pays autonome en donnant au serf la liberté personnelle. L'armée

nationale se serait beaucoup augmentée par sa réunion avec le corps de Lithuanie, et elle eût reçu de sérieuses améliorations;

2° La capitale de l'Empire de toutes les Russies aurait été transportée à Kiew;

3° Les colonies militaires, à l'instar de celles qui existaient dans la province de Novgorod, se seraient établies dans plusieurs autres provinces du centre et du midi, afin de transformer en soldats les paysans de la couronne. Plus de recrutement dans le reste de l'Empire. Remplacement de l'armée par une milice où cinq ans de service auraient préparé les paysans des nobles à la jouissance de la liberté individuelle;

4° Rupture de la Sainte-Alliance telle qu'elle existait sous la direction diplomatique du prince de Metternich.

Le désaveu obligé du général Ypsilanti, l'organisateur de l'hétairie et le promoteur de l'indépendance de la Grèce, avait fortement irrité Alexandre Ier contre l'Autriche et, par conséquent, contre l'Angleterre; il méditait d'opposer à ces deux puissances une forte alliance avec la France, la Prusse et les États Scandinaves.

En faisant des commentaires à perte de vue sur ces divers projets d'Alexandre Ier, le comte de Witt attribuait à un empoisonnement la mort de cet empereur et n'hésitait pas à dire que c'était le médecin de la cour, le docteur anglais Wylie, qui, à l'instigation de son gouvernement, avait commis le crime, dont le narrateur aurait failli être victime lui-même.

En effet, ce fut après avoir pris du thé avec Sa Majesté à Taganrog, qu'il aurait senti de fortes douleurs d'entrailles et aurait été gravement malade, tandis que son auguste hôte se couchait pour ne plus se relever.

« Je me tirai d'affaire, — m'affirmait de Witt — grâce à la faible dose de breuvage que j'avais absorbée, et grâce aussi, sans doute, à ma vigoureuse constitution. Quant à l'empereur, déjà souffrant, il fut tué par sa tasse de thé, l'ayant avalée sans méfiance. »

N'y a-t-il pas quelque chose de ridicule à accuser un médecin d'empoisonner son malade avec une boisson comme le thé, quand il lui était si facile de le faire au moyen des drogues qu'il lui administrait?

Le revirement politique qui se préparait dans le cerveau d'Alexandre Ier, menaçait, d'ailleurs, l'Autriche beaucoup plus que l'Angleterre; et comment admettre qu'en tout cas le cabinet libéral de lord Liverpool, où siégeait Canning, fût capable d'accomplir un acte qui suppose une absence totale de principes tant soit peu honnêtes?

Le comte de Witt ne reculait pas toujours devant les accusations les plus hasardées, les plus invraisemblables. Malheur surtout à ceux qu'il n'aimait pas! Il les chargeait de toutes sortes de méfaits, avec une rare fécondité d'imagination.

Il est allé jusqu'à m'assurer que les véritables chefs de la conspiration de 1825 étaient les généraux Vorontzof et Kisselef, et qu'ils auraient dû être pendus l'un et l'autre, plutôt que les colonels Pestel et Mouravief. Son réquisitoire contre eux était basé sur des faits d'une incontestable vraisemblance.

D'après lui, c'est dans l'armée d'occupation en France, commandée par Vorontzof, que s'organisèrent les sociétés secrètes, d'où pouvait sortir le bouleversement complet de l'ordre social en Russie. C'est dans l'état-major de Wittgenstein, dont Kisselef était le chef, que se recrutèrent principalement les promoteurs du mouvement révolutionnaire, heureusement dénoncé et comprimé, avant qu'il fût trop tard. Vorontzof, aspirant à importer dans son pays un régime à l'anglaise, favorisait sous main les menées de ses officiers. Kisselef était l'âme du complot, car s'il en avait été autrement, comment supposer qu'un homme aussi fin et pénétrant n'eût pas découvert les desseins sinistres qui s'ourdissaient sous ses yeux ? Seulement il eut l'habileté de donner le change sur sa conduite, de même que Spéransky, dont il a toujours partagé les idées relativement à l'abolition du servage : ils étaient l'un et l'autre des jacobins très-dangereux.

Que conclure de cette argumentation ? Je n'ai pas connu Spéransky, mais, ayant vécu, en quelque sorte, dans l'intimité du prince Vorontzof et du comte Kisselef, j'admets que le premier était un aristocrate libéral et le second un démocrate, dans la meilleure acception du mot. Tous deux cependant étaient des hommes trop gouvernementaux, pour avoir songé à égorger la famille impériale, afin d'accomplir les réformes qu'ils jugeaient utiles et bienfaisantes pour leur patrie.

Néanmoins, tout ce que m'a dit de Witt des derniers projets de l'empereur Alexandre est d'une scrupuleuse exactitude. Son intention de rompre avec la Sainte-Alliance a été confirmée par les dépêches du prince de Lieven et du comte Pozzo di Borgo, trouvées chez le grand-duc Constantin, à Varsovie, en 1830. Des diplomates de cette trempe ne conseillent à leur souverain que ce qu'ils savent être conforme à ses vues.

De tous les souvenirs du comte de Witt, le plus curieux peut-être m'a révélé un incident très-caché de la vie du pacificateur de l'Europe, comme aimait à s'entendre appeler le successeur de Paul, c'est la résolution, qu'il n'eut pas le temps d'accomplir, d'embrasser la religion catholique : secret qu'ignorent ou affectent d'ignorer tous les historiens de notre époque, et qui cependant a été pleinement révélé et confirmé, à ma connaissance, par le pape Grégoire XVI.

Élevé dans les idées philosophiques du dix-huitième siècle, par le républicain Laharpe, Alexandre, jusqu'en 1812, était plutôt un incrédule qu'un croyant. Mais après avoir vu la grande armée de Napoléon se fondre dans les neiges d'un hiver d'une rigueur exceptionnelle et le Titan du siècle être vaincu, non par la stratégie de ses adversaires, mais par des fautes fatales, qu'il semblait devoir commettre moins que tout autre; après être entré triomphalement dans Paris à la tête des rois, comme Agamemnon; après avoir placé la Russie à une hauteur de renommée que rien ne pouvait faire prévoir, Alexandre reconnut, dans tous ces événements extraordinaires, la volonté d'une Providence dont les hommes, si grands qu'ils soient, ne sont que les jouets impuissants. Alors Mme Krudener, unissant la galanterie la plus raffinée à la piété la plus onctueuse, prit sur lui une influence décisive, et le rendit mystique, comme elle l'était elle-même.

Sous son inspiration, se forma la Sainte-Alliance, conclue afin de faire entrer le monde dans une ère de paix permanente et vaincre en toutes circonstances le génie du mal par le génie du bien. Le mal, c'était naturellement la Révolution terrassée, quoique encore palpitante ; le bien, c'était l'autorité absolue, rétablie dans toute sa rigueur par l'indissoluble union, toujours et partout, du trône et de l'autel.

Étouffer les revendications libérales, quelque part qu'elles se produisissent, et maintenir dans leur pouvoir arbitraire les rois oppresseurs, tels que Ferdinand d'Espagne et Ferdinand de Naples : telle fut la mission que s'attribua la Sainte-Alliance, dont l'ancien disciple d'un républicain se fit le champion convaincu, en allant honorer de sa présence les congrès d'Aix-la-Chapelle, de Troppau, de Laybach et de Vérone.

Peu à peu, cependant, une sorte de découragement et de dégoût s'empara de son âme, qui avait autrefois conçu une politique plus généreuse que celle de Metternich, et il douta de l'efficacité des mesures de répression, préconisées par cet homme d'État. Le principe d'autorité qu'il n'abandonna pas pour cela, ne devait pas, pensa-t-il, dépendre des expédients d'une politique incertaine, mais des inspirations d'une foi inébranlable. Logiquement, ses idées se tournèrent vers le catholicisme.

Parmi ses aides de camp généraux, il y avait un Savoyard nommé Michaud, fervent adepte du comte Joseph de Maistre. Il l'expédia — au moment où il partait lui-même pour son voyage de Taganrog — en mission à Rome avec une lettre pour le pape Léon XII, où il disait que, décidé à embrasser la religion catholique, il sollicitait de Sa Sainteté l'envoi d'un prêtre pour recevoir son abjuration des erreurs de Photius. Seulement, comme il ne voulait pas que ce prêtre appartînt à la Société de Jésus, qu'il avait proscrite, il demandait, soit un camaldule soit un franciscain.

Léon XII, à la réception du message apporté par Michaud, appela le général des Camaldules, et, après l'avoir instruit de l'importante affaire qu'il s'agissait de mener à bonne fin, lui commanda de se rendre au plus vite en Russie. Mais le moine, théologien et hébraïsant de premier ordre, était doué d'un caractère timide et ami du repos. La longueur du voyage l'effraya, et il se jeta aux pieds du pape, en le suppliant de l'en dispenser. Léon XII y consentit, non sans lui commander, sous peine d'excommunication, de garder le plus profond silence sur toute la transaction. Le père Orioli, simple moine franciscain, accepta la délicate entreprise qu'avait refusée le général des Camaldules, et allait se mettre en route avec l'envoyé impérial Michaud, quand arriva à Rome la nouvelle que ce n'était plus Alexandre, mais Nicolas, qui occupait le trône de Russie.

Alexandre, m'a dit de Witt, aurait fait venir en mourant le prêtre de la chapelle catholique de Taganrog, auquel il se confessa, et qui lui administra l'extrême onction. Il avait complètement perdu connaissance, suivant mon narrateur, quand se passa une autre cérémonie religieuse. Un pope, appelé à la hâte par quelques personnes de l'entourage, entra dans la chambre du moribond et accomplit à son tour les rits de la dernière heure.

En m'apprenant le but du voyage de Michaud, le comte de Witt n'avait rien exagéré ni rien ajouté de mensonger. Tout son récit de la négociation, si fatalement avortée, avec le Vatican, m'a été confirmé par des renseignements irrécusables.

Le général des Camaldules fut le successeur de Léon XII, sous le nom de Grégoire XVI. Devenu pape, il était naturellement délié de son serment de simple moine. Dans sa célèbre entrevue avec Nicolas Ier, auquel il reprocha les persécutions de l'Eglise catholique en Russie, il n'hésita pas à lui montrer la lettre autographe d'Alexandre : émouvante mise en scène, qui rendit confus l'orgueilleux potentat, le réduisit à se taire un moment, puis à balbutier des excuses.

Ces détails, nous les avons recueillis pendant notre séjour dans la Ville Éternelle.

On peut se demander si Alexandre, une fois

catholique, se serait contenté d'une conversion intime et personnelle, uniquement pour calmer les angoisses de son âme, ou s'il se serait donné la mission d'imposer sa foi à son peuple, en réunissant les Églises d'Orient et d'Occident. Et, dans cette hypothèse, la Russie serait-elle catholique aujourd'hui?

Le comte de Witt, quoiqu'il eût soixante ans bien sonnés, mourut d'un chagrin d'amour, causé par les cruelles rigueurs d'une jeune femme dont il s'était follement épris, et qui repoussa dédaigneusement ses hommages.

Sous le règne d'Alexandre, le comte de Witt se faisait passer pour catholique; ce qui, loin de lui nuire, pouvait le servir auprès d'un souverain subjugué longtemps par la beauté d'une Polonaise et ayant une certaine prédilection pour les Polonais et la religion catholique. Mais, à l'avénement au trône de Nicolas, le versatile courtisan se trouva tout-à-coup orthodoxe grec et prétendit avoir été baptisé par un pope. Il savait que le nouveau maître accueillerait favorablement une telle adhésion à l'Église gouvernementale.

Avec tous ses défauts, de Witt n'était pas dépourvu de qualités aimables. Sa conversation pétillait d'esprit, et l'on s'ennuyait rarement à l'entendre débiter des récits quelquefois prolixes, mais toujours remplis d'anecdotes instructives ou amusantes.

II

Le Tsarévitch Constantin.

En 1825, année de la mort de l'empereur Alexandre, mes parents demeuraient à Varsovie, dans la maison Gonsorowski, qui fut plus tard l'hôtel d'Angleterre, tenu par le célèbre Marie. En face, s'élevait le palais Bruhl, résidence du grand-duc Constantin.

Je me souviens qu'un jour notre déjeuner s'achevait en famille et que mon père, vêtu d'une robe de chambre, fumait son tchibouck en finissant sa tasse de café. Tout à coup entra le colonel Fanshawe, aide de camp du grand-duc.

Le visage bouleversé, il attira dans l'embrasure d'une fenêtre mon père qui, après quelques mots échangés tout bas, passa dans son cabinet de toilette, endossa rapidement l'uniforme de tenue et, après avoir embrassé ma mère, tout effrayée, suivit son ami.

Il ne revint qu'au bout de deux heures et, à son retour, eut lieu une longue conversation entre mes parents. Je compris, quoique tout enfant, qu'il se passait quelque chose d'extraordinaire, surtout quand, dans cet entretien à mi-voix, je distinguai ces mots : « Il peut me faire fusiller, mais jamais je « ne prêterai la main à ce qu'il exige de « moi ! »

Dans la journée, reparut le colonel Fanshawe, mais son air était moins sombre. De nouveau, mon père l'accompagna au palais Bruhl et, rentré au moment du dîner, il calma l'anxiété de ma mère en lui disant en polonais : « Heureusement cette lubie lui « a passé, mais j'ai dû subir une bien dure « épreuve ! »

Je ne pouvais m'expliquer la signification de ces phrases qui pourtant se gravèrent profondément dans ma mémoire.

Dix-sept ans plus tard, le hasard fit que

dans ce même hôtel d'Angleterre et dans le même appartement où, en 1825, j'avais été témoin d'une scène dont je gardais un pénible souvenir, descendait mon père, alors grand échanson de la cour et de passage à Varsovie, se rendant aux eaux d'Allemagne.

Je lui demandai ce qui avait causé les inquiétudes de ma mère et l'agitation où je l'avais vu lui-même.

« Mon cher Xavier — me répondit-il — imagine-toi que, quand Fanshawe me conduisit jadis auprès du grand-duc, je trouvai Constantin au paroxysme de la colère. Blême, l'écume à la bouche, arpentant fiévreusement la chambre, il jetait l'épouvante parmi les quelques témoins de sa fureur. Son chef d'état-major, le général Kuruta, blotti dans un coin, tremblait de tous ses membres. Son aide de camp, le colonel Turno, debout au milieu de l'appartement, avait le visage consterné. Tous deux avaient eu à supporter l'assaut de la colère grand'ducale : — « Branicki, me
« dit Constantin sans pouvoir se contenir,
« j'ai bien voulu céder le trône à mon frère

« Nicolas, mais je ne lui ai jamais permis
« de m'humilier devant le monde entier.
« Lisez cette lettre à mon frère, l'empereur
« Alexandre. Je l'avais écrite pour lui
« seul et, sans égard pour moi, son aîné,
« Nicolas la rend publique ! »

« Le grand-duc — ajouta mon père — me laissa prendre connaissance de sa lettre de renonciation au trône, où il disait avec une humilité profonde :

« Ne reconnaissant pas en moi le génie, les talents et la force nécessaires pour être jamais élevé à la dignité souveraine, à laquelle je pourrais avoir droit par ma naissance, je prie V. M. I. de transférer ce droit à celui auquel il appartient après moi, et d'assurer ainsi pour toujours la stabilité de l'empire. »

« Quand j'eus fini cette lecture, Constantin, sentant redoubler son emportement, m'apprit, en phrases incohérentes, ce qu'il attendait de moi :

« Après ce qui vient de se passer — s'écria-
« t-il — je me crois parfaitement dégagé
« vis-à-vis de Nicolas. Demain je reprendrai

« la couronne. Je lance un manifeste, et
« j'aurai sous la main cent mille hommes
« de troupes excellentes : l'armée de Pologne
« et le corps de Lithuanie. Quant à vous,
« général Branicki, vous allez partir pour
« Dubno, quartier-général de la première
« division du corps de Lithuanie. Le général
« Gogol, qui la commande, est malade et
« peu sûr !... Vous le remplacerez !... Puis...
« à la grâce de Dieu !... »

Mon père fit alors observer au grand-duc que Son Altesse avait de bon gré renoncé à la couronne, et qu'à la mort de l'empereur Alexandre, elle s'était empressée de confirmer sa renonciation au trône, sans la moindre amertume. Il s'efforça de lui démontrer que si cette lettre confidentielle avait été rendue publique, c'était, non pour l'humilier, mais pour des raisons politiques dont il était impossible, à Varsovie, d'apprécier toute la gravité. Enfin, il lui déclara qu'étant ancien aide de camp d'Alexandre, il le respectait trop, dans sa tombe, pour adhérer à ce qu'il considérait comme une rébellion contre sa volonté. Le colonel Turno appuyait avec fermeté ces idées, tandis que Kuruta continuait de trembler dans son coin et que Fanshawe fondait en larmes.

Pourtant la colère du grand-duc ne se calma pas devant l'énergie de son interlocuteur :

« Retournez chez vous — lui dit-il d'un ton
« impératif — et songez que, me désobéir,
« c'est s'exposer à être fusillé ! »

Mon père termina son récit en ces termes :

« Quand, pour la seconde fois, j'arrivai au palais Bruhl, la scène avait changé. Constantin se jeta à mon cou. Il reconnut que ma franche opposition l'avait dissuadé d'un acte qui eût été pour lui la source de remords éternels.

« Que s'était-il passé ? Nicolas, par un courrier spécial, avait expliqué sa conduite à son frère, et l'avait apaisé. »

Ce monarque, trop souvent dépourvu du sentiment de la justice, a pourtant rendu cet hommage posthume à mon père : « C'était
« un très-honnête homme, et dévoué sincère-
« ment à Alexandre Ier et à sa mémoire ! »

Turno, devenu général, fit brillamment contre les Russes la campagne de 1831, et, une fois la révolution polonaise comprimée, ne fut nullement inquiété.

On peut se demander ce qui serait arrivé si mon père s'était prêté à l'étrange équipée qu'avait projetée le tsarévitch, au lieu d'y résister, non sans un certain courage.

LE NIHILISME

Qui sème le vent récolte la tempête.

ЗЕМЛЯ И ВОЛЯ

Le Nihilisme.

Un homme de beaucoup d'esprit, Charles Edmond (Choiecki), disait dernièrement, dans un feuilleton du *Temps*, que Nicolas « a couvé les œufs du nihilisme. »

Le mot est vrai et profond. Si l'on remonte à l'origine de ces œufs, on la trouve dans le système de gouvernement qu'inaugurèrent, à Moscou, les grands princes vassaux et tributaires de la Horde Dorée. Ce système, essentiellement asiatique, Pierre dit le Grand et ses successeurs l'ont maintenu et développé tout en essayant de lui donner un vernis européen.

Le caractère distinctif du régime russe est

la négation absolue de ce que la civilisation sortie de la Grèce et de Rome a établi, en Occident, sous le nom de droit et de justice, c'est-à-dire la liberté de la personne, le respect de la vie humaine, la propriété individuelle.

Rien de tel n'existait dans un campement de Tatares. La vie de chacun et de tous était à la merci du chef ou de ses lieutenants. La propriété était pour le petit nombre une faveur éphémère sans garantie, et, pour les masses exploitées arbitrairement, elle n'existait pas même de nom. En cessant d'être chefs de brigands et en devenant puissants potentats, Tchenghis-Khan et Timour-Lenk n'eurent d'autre souci que de consolider, par la servitude générale, les chaînes d'un despotisme sans bornes.

C'est sur Tchenghis et Timour que se sont modelés d'une manière consciente d'abord, inconsciente peut-être ensuite, les grands ducs transformés en tsars et en empereurs ou impératrices de toutes les Russies. La tradition tatare prévalait et prévaut encore sur la tradition kiovienne dans cette capitale de Moscou que le maréchal Paskéwitch appelait un jour, en notre présence, une « véritable Horde. »

On sait comment Ivan IV, dit le Terrible, disciplinait ses sujets : il leur infligeait d'atroces supplices ; il faisait noyer des familles entières, hommes, femmes et enfants; il étouffait, par le massacre, les derniers murmures de Norgorod qu'Ivan III avait dépouillée de ses franchises municipales. On sait comment, par un simple oukaze, Boris Godounof rivait à la glèbe les paysans qui avaient auparavant le droit de passer d'une terre à une autre.

Tels sont les devanciers de Pierre Ier, le civilisateur, qui allait apprendre en Hollande à construire des navires et n'en rapportait pas les procédés d'un régime humain. Il obligeait les nobles à raser leurs barbes et à s'habiller à l'européenne, mais il oubliait de leur inculquer ces sentiments de dignité et d'honneur qui les eussent faits Européens. Lui-même, tout amoureux qu'il fût de la culture occidentale, n'en comprenait que le côté matériel. Il croyait qu'elle consistait toute entière pour un État dans la possession d'une armée régulière, d'une marine militaire et marchande, d'une administration hiérarchisée et d'une centralisation vigoureuse. Si à cela et à la transformation de la toilette, on ajoute des rues régulières, des bâtiments publics, des voies de communication pour le commerce et quelques essais d'industrie importée, on aura un programme de réformes identique à celui que devaient inaugurer de nos jours Mahmoud, en Turquie, et Mehemet-Ali, en Égypte. Selon ce programme asiatique, les hommes n'ont pas de droits, et tous leurs devoirs consistent à obéir sans raisonner.

L'instruction publique, dans certaines limites, a été favorisée par les réformateurs de la Néva, comme par ceux du Bosphore et du Nil, mais seulement dans l'intérêt de la grandeur, de l'éclat, du maintien mieux assuré de l'autorité du despote. L'enseignement supérieur est espionné, tracassé, mutilé de la manière la plus inepte. Nicolas réduit à trois cents le nombre d'étudiants que pourra recevoir chaque Université. Il supprime les chaires de droit naturel et de philosophie ; il fait effacer de l'histoire le mot de « liberté » ; il prescrit à chaque science un cercle qu'il lui est défendu de franchir.

L'instruction populaire tendait à se développer sous le règne d'Alexandre Ier par l'adoption de la méthode de Lancaster. Nicolas, plus logique, comprend le danger d'éveiller l'intelligence des serfs ; il les retient dans leur ignorance séculaire.

Une fois les paysans émancipés, il semblait que le gouvernement dût favoriser leur éducation. Il n'en a rien été. Le ministre de l'instruction publique, qu'on appelle pompeusement en russe « le ministre de la *civilisation nationale* », s'attache plutôt à entraver qu'à favoriser l'extension des écoles dans les campagnes.

Malheur à qui veut répandre quelque lumière au milieu des épaisses ténèbres où croupissent les classes travailleuses ! Des associations privées pour apprendre à lire et à écrire, propager des livres élémentaires, élever le niveau moral des masses, ont été sévèrement réprimées et leurs promoteurs des deux sexes traduits en justice, déclarés « nihilistes » et, comme tels, condamnés à la prison ou même à l'exil en Sibérie.

On a vu, dans un procès, un des accusés portant un nom princier considéré comme criminel d'État parce qu'il avait distribué aux ouvriers d'une manufacture un roman d'Erckmann-Chatrian, traduit en russe.

Un prêtre catholique polonais, ayant osé parler contre l'ivrognerie du haut de la chaire, a été privé de sa cure et déclaré incapable d'en obtenir une autre.

Prêcher la tempérance, c'est nuire au fisc qui prélève de forts revenus sur les eaux-de-vie, c'est par conséquent se mettre en rébellion contre l'autorité gouvernementale. Cependant un pays ne saurait que gagner à posséder une population sobre et rangée qui fournirait une plus grande somme de travail et comblerait bien vite dans le Trésor une perte momentanée. On ne pense pas ainsi au Palais d'Hiver (1), toujours prêt à

---

(1) Ainsi s'appelle la somptueuse résidence des empereurs de Russie, érigée sous le règne d'Elisabeth par l'italien Rastrelli,

remplir de nouveaux cachots et à empêcher de nouvelles écoles de s'ouvrir.

Depuis que la dynastie de Rurik s'est transportée de Kiew à Vladimir et ensuite à Moscou, jamais, sous son égide, pas plus que sous celle des Romanof, n'a fleuri la liberté religieuse, le tsarisme s'étant en quelque sorte incarné dans la foi byzantine. Il y eut seulement, sous les règnes de Catherine II, de Paul Ier et d'Alexandre Ier, une certaine tolérance relative qu'on ne connaissait pas antérieurement et qui s'est éclipsée de nos jours.

---

qui s'est inspiré du style des plus belles constructions de Florence. L'édifice devint la proie des flammes en 1838. Nicolas ne donna qu'une année à l'architecte français Montferrand pour le rebâtir sans rien changer à son ancienne apparence. L'ordre s'exécuta au prix d'immenses sommes d'argent qu'on aurait pu s'épargner et de la mort de vingt mille ouvriers, victimes de la température trop élevée qu'il fallait entretenir pour sécher les plâtres. Pourvu que sa volonté s'accomplît, peu importait à l'autocrate et les millions follement prodigués et les vies humaines froidement sacrifiées.

Le Palais-d'Hiver symbolise en quelque sorte, par sa masse écrasante, le régime des autocrates, comme la « Maison-Blanche » à Washington, par sa modeste simplicité, représente au vrai le gouvernement démocratique des Etats-Unis d'Amérique.

Le vainqueur de Charles XII, trop vanté par Voltaire, aurait, dit-on, prononcé ces paroles : « Dieu a donné aux tsars puissance sur les nations, mais le Christ seul a puissance sur la conscience des hommes. » Pierre aurait même eu la pensée de se convertir et de convertir son peuple au protestantisme. Néanmoins, il se montra très-brutal envers les *vieux croyants*, en les obligeant à suivre les offices de l'Église officielle, mise sous son talon par l'abolition du patriarcat. Il expulsa les Jésuites d'Astrakhan. Il infligea d'atroces tortures à une malheureuse femme nommée Nastasia Zima, qu'on accusait de propager la foi luthérienne.

Élisabeth supprima les églises arméniennes dans les deux capitales, Moscou et Pétersbourg. Elle chassa les juifs de son empire, « comme ennemis de notre Sauveur » — dit son oukaze. Elle s'efforça d'imposer la religion d'État aux Mordvas et aux Tchérémisses, tribus semi-musulmanes, semi-païennes. Elle poussa au désespoir les sectaires russes, dont on vit un certain nombre préférer le suicide à l'abandon de leurs dogmes, et se brûler par centaines à Oustiougue et à Tomsk.

Que dire du règne de Nicolas au point de vue de la liberté de conscience ? Les catholiques ont pu justement le comparer au règne de Néron sous ce rapport. Il faudrait des volumes et non quelques pages pour raconter comment s'opéra ce qu'on appelle le retour à l'Église orthodoxe des uniates de la Russie-Blanche et de la Lithuanie. L'Europe contemporaine n'a rien de pareil dans ses annales ; à lire les récits navrants de la contrainte féroce exercée sur de paisibles villageois, on se croirait ramené aux époques les plus tristes, les plus sombres, les plus honteuses de l'histoire.

Alexandre II était — nous le croyons — porté, par son cœur et son esprit, à repousser toutes les mesures violentes vis-à-vis de la conscience humaine, qui marquent d'un caractère si odieux le régime de son prédécesseur. Malheureusement, après le soulèvement polonais de 1863, il n'eut pas la force de résister à de mauvais conseils et à la pression de la sainte Moscou, où vivent toujours les instincts d'une horde tatare. De cette cité, dont le journaliste Katkof s'était fait le porte-voix, sont venus les encouragements donnés à Mouravief, l'impitoyable pendeur, à la persécution systématique de la foi catholique confondue avec le *polonisme* et à la récente destruction de l'Église unie dans le diocèse de Chelm.

Moscou, ville frondeuse mais nullement libérale, est aussi asiatique d'esprit qu'elle l'est par son aspect, qui rappelle les villes mogoles de l'Inde. Elle est depuis longtemps l'asile des nobles ruinés, des courtisans désappointés et des archéologues voués au culte du tsarisme remontant jusqu'avant les Romanof.

Mise au second rang par Pierre Ier, elle a juré à ce monarque une haine profonde, et, du même coup, à toute civilisation européenne. De son sein sortent ces slavophiles qui transforment en panmoscovitisme conquérant l'utopie tchèque d'une confédération volontaire entre les peuples de race slave, qui rattachent à cette agglomération forcée la domination exclusive de la religion gréco-russe et qui rêvent, en lançant en avant de nouvelles hordes de barbares, d'étendre, du Sund à l'Adriatique, un empire oppresseur à la Tchenghis-Khan.

Au-dessus du Kremlin plane l'esprit d'Ivan le Terrible, comme revit dans l'Escurial l'âme de Philippe II. A certains moments, chacun de ces épouvantables spectres s'empare du cœur de la nation, arrête les gouvernants dans la voie du progrès et leur suggère d'affreux retours en arrière.

Moscou n'a coopéré à aucune des tentatives faites pour limiter le pouvoir absolu des tsars, adoucir le sort des masses opprimées ou rendre moins dure la condition des peuples subjugués. De même qu'Alexandre Ier avait rencontré dans Moscou une opposition opiniâtre à l'affranchissement des serfs, de même Alexandre II dut se passer du concours de Moscou, quand il résolut d'accomplir le grand acte de justice qui lui vaudra dans l'histoire la plus noble et la plus glorieuse page parmi les souverains russes —

page qui heureusement servira de contrepoids à de déplorables fautes et des défaillances inattendues.

Avec ses quarante-sept millions quatre cent mille individus rivés au sol comme serfs ou attachés à leurs maîtres comme esclaves domestiques, la Russie présentait une organisation monstrueuse telle que le monde n'en avait jamais vue et dont l'existence en Europe était une honte pour l'humanité.

Sur une population de soixante-dix millions d'habitants, moins d'un tiers jouissait de la liberté personnelle, et cette minorité se composait principalement des conquérants, non des conquis. Il n'y avait pas de serfs parmi les Finnois et les Tatars. Dans les provinces baltiques, les paysans lettes avaient la faculté de passer d'un domaine à un autre. Si, d'un côté, le *poddanstwo* ou la sujétion dans les provinces lithuaniennes ou ruthènes de l'ancienne Pologne avait été changé en servage par Catherine II, d'un autre côté, dans la

Pologne constituée en royaume, il n'y avait plus, grâce au Code Napoléon, ni servage ni *poddanstwo* (1).

Plus on approchait de la Russie centrale ou moscovite, plus on sentait s'appesantir les rigueurs d'une institution prenant, sous le nom intraduisible de *Krepostnoe vladenie*, les allures et les formes de l'esclavage antique ou colonial.

Quoique censés inséparables du sol, les cultivateurs en étaient séparés au gré de leurs maîtres, transportés d'une province dans une autre, vendus en détail, brocantés, astreints à des redevances graduées d'après ce qu'ils gagnaient par le commerce ou l'industrie, convertis souvent en ouvriers de

---

(1) Pour passer du *poddanstwo* à l'affranchissement des anciennes corvées, la diète de Varsovie avait demandé à Napoléon un délai de trois ans. — « Pas une heure ! » répondit le conquérant civilisateur. Ensuite il voulut savoir de Mostowski, le ministre du Grand-Duché, si la terre communale appartenait aux cultivateurs ou aux propriétaires. Le cas était sujet à controverse. Mostowski, quoiqu'il eût été l'ami personnel de Robespierre et qu'il fût très avancé dans ses idées, trancha la question en faveur des seigneurs. L'empereur décida que la terre communale serait allouée aux paysans seulement à titre de bail emphytéotique. Pour gagner ces derniers à sa cause dans le mouvement de 1863, le gouvernement russe les déclara possesseurs

manufactures ou en travailleurs de mines, livrables à volonté comme remplaçants dans l'armée, susceptibles d'être châtiés par quelqu'un qui était à la fois partie, juge et bourreau !

Contre une telle dépendance, aucun recours. Il n'y avait pas de juridition pour recevoir la plainte du misérable ilote, et le droit de son possesseur allait jusqu'à l'expédier en Sibérie en l'adjoignant à une chaîne de déportés, moyennant quelques roubles pour frais de voyage. Au moins le nègre, dans les colonies espagnoles, devenait-il forcément libre s'il fournissait une somme de 2,500 francs. Il n'existait pas de règlement de ce genre en Russie, et on y a vu des serfs

---

absolus de la portion du sol qu'ils exploitaient par contrat et, poussant même plus loin une répartition arbitraire, il enleva plus ou moins de champs appartenant d'une manière incontestée à de grands propriétaires pour grossir le lot de chaque paysan. C'était, en vérité, faire du socialisme agraire. Le prince Tcherkaski, l'exécuteur de cette mesure ultra-radicale, passait pour un disciple de Proudhon, de même que son chef, Nicolas Miloutine, qui était alors le ministre tout-puissant à Saint-Pétersbourg. Donc, c'est d'en haut que sont venues les leçons et les exemples du *nihilisme*, si l'on entend, sous ce terme vague et indéterminé, la négation de la propriété et des lois qui la régissent dans toute l'Europe occidentale.

devenus marchands millionnaires, ne pouvoir obtenir leur affranchissement même par le sacrifice de tout leur avoir.

En Lithuanie, comme en Ruthénie, le serf n'était lié au seigneur que par les trois jours de travail qu'il lui devait chaque semaine. Dans l'ancienne Moscovie, le serf appartenait à la fois au seigneur et à sa commune. Celle-ci procédait, tous les trois ans, à la distribution de la terre par une espèce de loterie, où le sort indiquait à chaque laboureur le champ dont la culture lui incombait pendant cette période. C'était une appropriation temporaire, mobile, aléatoire, dans laquelle on a voulu retrouver la propriété collective ou le communisme des anciens Slaves.

Cette absorption de l'individu par le groupe villageois fut pour la première fois exposé avec clarté dans le livre d'un allemand publié à Hanovre, en 1847-1853, sous le titre : *Etudes sur la situation, la vie nationale et les institutions nationales en Russie*. Trois volumes en fort mauvais français.

Ce minutieux ouvrage du baron Haxthausen tomba dans les mains de Hertzen au moment où, par suite de la révolution de 1848, les systèmes socialistes firent irruption sur le monde, — et l'écrivain russe sortit de cette lecture comme illuminé d'un nouvel évangile qu'il se mit à propager avec enthousiasme.

Le problème social lui sembla complétement résolu. Il n'y avait qu'à dégager la commune slave de la superfétation des droits du seigneur et elle resterait le modèle de la société parfaite, non-seulement applicable à la Russie entière, mais encore au reste du globe. Plus de pauvres, plus de riches! Tous participant aux produits de la nature, tous soumis à la loi égalitaire du travail, tous débarrassés des charges qu'entraîne l'organisation d'un vaste État, car chaque commune constituerait un État à elle seule! A l'excessive concentration du tsarisme, Hertzen opposait un éparpillement infini.

Comment, dans cette désagrégation générale, se serait maintenu le sentiment national ? Comment la paix et la concorde auraient-elles pu régner entre tant d'autonomies républicaines ? Comment les plus faibles se trouveraient-elles capables de résister aux plus fortes ? Comment les petits poissons échapperaient-ils à la voracité des grands ? L'utopiste se gardait bien d'aborder ces difficultés. Il les laissait prudemment dans l'ombre.

Animé d'une activité fébrile, qu'il avait symbolisée sur son cachet par une flamme avec l'inscription *Semper in motu*, il fondait, à Londres, une imprimerie russe et terrifiait les dernières années de Nicolas par la publication périodique de la *Cloche (Kolokol)*, qui semblait sonner le glas funèbre du despotisme russe.

Hertzen mettait à nu, avec beaucoup de verve et d'esprit, les énormités de ce régime. Si faux que soit son point de départ théorique, il a rendu d'immenses services à son pays, où ses écrits pénétraient en dépit de la censure et des douanes. C'est lui qui a réveillé l'opinion publique en faveur de l'abolition du servage. Il a fortifié dans cette voie émancipatrice Alexandre II lui-même, qui ne manquait jamais de lire avec avidité les numéros de la *Cloche* et y puisait, au commencement de son règne, d'utiles révélations et de féconds enseignements. Le prestige de la forme place Hertzen au premier rang des écrivains de son pays : il saisit, fascine, émerveille. Nul mieux que lui ne sait mêler le rire avec les larmes et, en quelque sorte, fusionner une page pathétique de Michelet avec un article bouffon du *Charivari*. Un pareil style était admirablement adapté à ce sujet à la fois si mélancolique et si burlesque : l'autocratie.

Un auxiliaire précieux vint joindre Hertzen à Londres. Il arrivait de Sibérie après avoir passé par les cachots de Dresde, d'Olmütz et de Schlusselburg. C'était Michel Bakounine, qui s'était fait connaître, en 1847, à Paris, dans une réunion polonaise, où il fit une énergique protestation, au nom des révolutionnaires russes, contre le système politique de Nicolas. Cet acte de courage lui avait valu d'être immédiatement expulsé de France par le ministre Guizot. Mais la révolution de Février ouvrait bientôt dans l'Europe presque entière un vaste champ à sa propagande. Il courait au congrès slave réuni à Prague, et des barricades de la capitale des Tchèkes vaincus par Windischgratz, il s'en allait élever d'autres barricades à Dresde. Ici, à la grande indignation des bourgeois saxons, il proposait, pour mieux défendre la ville contre l'entrée des Prussiens, de mettre le feu aux principaux bâtiments publics. Mal secondé, Bakounine était fait prisonnier et condamné à mort. Mais déjà le gouvernement autrichien avait exigé son extradition, et pour les affaires de la Bohême, il fut attaché aux murs d'une prison par une chaîne de cinq pieds de long.

Bakounine sortit de cette affreuse réclusion sur la demande de Nicolas, qui le réclama comme un sujet rebelle. Arrivé à Pétersbourg, il reçut la visite, dans la forteresse des Saints-Pierre-et-Paul, du prince Orlof, le chef de la *Troisième Section*.

« Je viens — lui dit ce haut fonctionnaire — vous engager, de la part de Sa Majesté impériale, à lui présenter vos impressions sur la situation politique de l'Europe ! »

Enchanté de pouvoir occuper ses loisirs dans une casemate, Bakounine rédigea un long mémoire, où il exposait l'envie ardente des Slaves de secouer partout le joug allemand et montrait le beau rôle que pouvait jouer la Russie en se mettant à la tête d'un panslavisme libérateur. Après avoir pris connaissance du mémoire, Nicolas émit la réflexion suivante :

« Sais-tu, Orlof, que ce révolutionnaire « est un parfait honnête homme ?—Mais, en « même temps, c'est l'homme le plus dan- « gereux de mon empire, qu'on ne saurait « garder avec trop de soin. »

Grâce à cette bienveillante disposition de l'autocrate, Bakounine passait de la forteresse des Saints-Pierre-et-Paul à la forteresse de Schlusselbourg.

En montant sur le trône, Alexandre II relâcha le prisonnier pour l'interner en Sibérie, avec liberté d'aller et de venir dans les limites de cette région, soumise alors à l'autorité du général-gouverneur Mouravief, dit Amourski, car c'est à ce Mouravief, bien différent de son horrible homonyme, que revient l'honneur d'avoir accompli l'annexion du territoire qu'arrose le fleuve Amour.

Bakounine était, par sa mère, née Mouravief, cousin de l'illustre et puissant dignitaire. Celui-ci reçut en bon parent l'exilé politique et sollicita pour lui, à Saint-Pétersbourg, une amnistie complète, avec la faculté de rentrer dans la Russie d'Europe. Mais l'empereur répondit par un refus net, qui décida Bakounine à aller, quoique marié depuis quelque temps avec une Polonaise de Tobolsk, parcourir la riche contrée de l'Amour. A l'embouchure de cette rivière, il rencontra par hasard un navire en partance pour le Japon, et ne put résister à la tentation de prendre l'air de l'Océan. Un autre navire le conduisit ensuite de Yokahama à San-Francisco. De là il se rendit à New-York, et arriva sain et sauf en Angleterre.

Hertzen accueillit avec une joie qu'on peut comprendre ce collaborateur énergique et résolu, dont la mort, annoncée par les journaux, se trouvait ainsi démentie par une fuite rappelant celle de Beniowski.

Me trouvant par hasard à Londres dans ce moment même, j'allai voir l'échappé de Sibérie. De mince et élancé que je l'avais connu chez son oncle, le général Bakounine, il était devenu d'une ampleur énorme. Il n'en frappait que davantage l'imagination de ses compatriotes de la Grande Russie, où la corpulence, comme chez les Tatars et les Turcs, est tenue en haute estime.

« — Voilà, me disait un de ses candides admirateurs, notre Garibaldi tout trouvé ! Qu'il endosse une chemise rouge de moujik, qu'il enferme un pantalon flottant dans des bottes montantes, qu'il s'arme d'une hache, et le peuple le suivra partout comme un nouveau Pougatchef ! »

Si le mouvement d'émancipation générale qui s'était produit en Russie à la mort de Nicolas n'avait pas été d'abord satisfait, au moins en partie, par l'abolition du servage, l'établissement du jury, la tolérance relative de la censure, l'adoucissement du régime militaire et diverses autre réformes accordées ou promises, si ensuite ce même mouvement n'avait pas été converti par les Slavophiles de Moscou en une réaction haineuse contre les Polonais au profit du tsarisme, — dans ce cas, Bakounine, homme d'action plutôt que de parole, eût pu devenir le Garibaldi de son pays, en faisant revivre le célèbre Kozak du Don.

Il avait, je crois, cette secrète ambition. Il nous lut une brochure qu'il était en train de terminer sous le titre : *Pestel ou Pougatchef*. Il offrait au gouvernement de Saint-Pétersbourg soit de capituler devant le programme des « Décabristes » soit de périr devant une insurrection, à laquelle aucun moyen ne répugnerait pour arriver au but.

Le programme des « Décabristes », comme il l'exposait d'après Pestel, était l'empire centralisé se changeant en une fédération de républiques autonomes; plus radical, le programme attribué à Pougatchef était la destruction par le fer et le feu de tout l'ordre de choses existant, sans s'embarrasser de ce que l'on mettrait à la place.

Pougatchef, en se donnant pour « Pierre III *redivivus* », songeait à s'asseoir lui-même sur le trône vacant et à continuer la dynastie des

Romanof. Mais ce détail importait peu à Bakounine. Pour complaire à Hertzen, il consentait à voir dans le libre développement des communes villageoises la meilleure solution sociale et créait la devise : *Terre et Liberté* — inscrite aujourd'hui sur le drapeau de ce qu'on appelle le nihilisme.

Bakounine est le véritable prophète ou révélateur du socialisme révolutionnaire de la Russie actuelle. Il a donné des règles, des instructions, un code à ce gouvernement occulte qui frappe comme le Vieux de la Montagne, rançonne comme les brigands de la Grèce ou de l'Espagne, et vient d'engager un duel à mort avec le gouvernement officiel : duel dont le résultat est incertain et préoccupe l'Europe au suprême degré.

« Nous répondons à la terreur par la terreur », disent les publications innombrables d'une presse clandestine. C'est la situation en peu de mots. Elle est triste, lugubre, menaçante ! Mieux inspiré, le tsarisme pouvait éviter, par de sages et graduelles réformes, de se mettre à plaisir et de mettre la société russe en face d'un avenir qui se présente sinistre.

Infatué de son omnipotence, Nicolas posait en gendarme de Dieu sur la terre. Il se postait comme une sentinelle en travers de toute innovation tendant à l'amoindrissement de son autorité. C'était pour lui une arche sainte, devant laquelle il fallait se prosterner en adoration silencieuse. Gare à quiconque trahissait tout autre sentiment qu'une dévotion sincère ! Le profane disparaissait dans les cryptes du temple autocratique ; amené mystérieusement devant l'inquisition de la *Troisième section*, il était séance tenante absous ou condamné par un tribunal qui ne confrontait jamais l'accusé avec ses accusateurs, n'admettait pas de témoins à décharge et se passait d'avocats. Justice commode et expéditive qui, administrativement, prononçait des sentences en variant les peines depuis une simple et prompte correction par les verges — appliquée même à des dames du grand monde — jusqu'à la réclusion dans d'homicides casemates et la déportation en Sibérie !

Le chef de la *Troisième section* était un vice-empereur, *l'alter ego* du gendarme de

Dieu : il étendait les réseaux de l'espionnage non-seulement dans toute l'étendue de l'empire, mais encore dans les principales villes de l'Europe où se rendaient les voyageurs russes. Chaque matin, il venait faire un rapport à son maître sur les atteintes portées au culte impérial et lui signaler les sacrilèges. Il l'accompagnait dans tous ses voyages à l'intérieur et à l'extérieur. Sans ce gardien attaché à sa personne comme son ombre, Nicolas se serait cru perdu. — Juste reversibilité d'un despotisme sans frein, qui répand partout la terreur, et qui terrifie jusqu'à celui qui l'exerce !

Heureux s'estimaient les captifs auxquels le geôlier permettait, par faveur, de sortir un instant de cet empire transformé en prison ! Quoique traînant après eux le bout de leur chaîne, ils éprouvaient au départ une joie comparable seulement à leur tristesse quand il fallait revenir. Ils respiraient l'air vital de l'Europe par tous les pores. C'était comme un bain de liberté. S'y plongeant avec délice, ils eussent voulu éterniser l'immersion

Malgré les dangers auxquels ils s'exposaient, beaucoup de voyageurs russes, surtout parmi les plus jeunes, se faisaient un devoir d'aller présenter leurs hommages à Hertzen, vivant dans un cottage d'une manière fort respectable, comme disaient les Anglais, et toujours prêt à recevoir ses compatriotes avec l'empressement le plus hospitalier.

Ainsi se forma et se recruta pendant des années, une phalange de démocrates socialistes qui, sur l'indication de Hertzen, et plus tard de Bakounine, se mirent à étudier avec passion Proudhon, Buchner, Darwin, et ainsi s'imprégnèrent d'un esprit de démolition générale, d'un athéisme affirmatif et de l'envie d'appliquer la théorie de la lutte pour la vie *(the struggle for life)*, comme ils se l'expliquaient — brutalement.

A l'État incarné dans le tsar, l'école révolutionnaire répondit par une répudiation complète du terme et de la chose, c'est-à-dire qu'elle déclara l'État centralisé, bureaucratique, militaire, absolument incompatible avec la liberté. L'Empire russe — enseignait Bakounine — « doit grandir en suivant la voie sanglante tracée par le séide du despotisme, le pendeur Mouravief (1) ou *se dissoudre ;* pas de milieu ! »

« Entre nous — ajoutait-il — *patriotes* révolutionnaires et l'Empire il n'y a aucune sorte de solidarité : la défaite des armées du tsar est désirable en toute circonstance et il faut se féliciter de la victoire des alliés en Crimée, car elle a eu pour résultat l'abolition du servage. »

Comme Bakounine, M. Lavrof, dans sa revue publiée à Genève et intitulée « *Vpered* » *(En avant !)* tout en ne sympathisant pas avec les Turcs dans la dernière guerre, aurait été bien aise de les voir victorieux ; il se moquait de la sensiblerie des Slavophiles qu'il accusait d'être des suppôts de l'autocratie.

Que produira, suivant ces enthousiastes,

---

(1) Au Congrès de la Paix et de la Liberté, tenu à Genève en 1867, Barkounine s'est exprimé ainsi sur ce personnage :

« Mouravief, le pendeur, le tourmenteur, non-seulement des patriotes polonais, mais aussi des démocrates russes, a été un monstre devant l'humanité, et en même temps le plus fidèle, le plus complet représentant de la morale, des tendances, des intérêts, du principe séculaire de l'empire de Russie, le patriote par excellence, le Saint-Just, le Robespierre de l'État impérial fondé sur la négation systématique de tout droit humain et de toute liberté. »

la destruction de l'État et de l'Empire ? Ils vous répondent : Un développement du fédéralisme européen et l'autonomie des provinces et des communes.

Solution assez vague, pareille à celle de Pi i Margall, et dont se contentent néanmoins les intransigeants espagnols, comme les nihilistes russes. La pensée est la même : en Espagne, elle a surgi de l'horreur contre l'unité opérée par l'Inquisition; en Russie, de la haine contre une centralisation identifiée, sous Nicolas, avec une autre inquisition : la *Troisième section de la chancellerie impériale*.

L'exagération de la puissance d'un seul homme a provoqué des aspirations à une liberté anarchique et tout-à-fait irréalisable. De même, la réaction contre une Église, humble servante de l'État, exclusive et intolérante, se traduit, dans l'avant-garde révolutionnaire, par un athéisme affirmatif. Au prêtre qui vient lui présenter des consolations chrétiennes, Doubrovine dit : « Va-t-en au diable ! » Solovief refuse tout secours religieux sans mot dire, avec le sourire du mépris.

Pour résoudre le problème de la lutte pour la vie, la *Commune slave*, quoiqu'elle ne s'applique qu'à la classe agricole, semble une panacée aux élèves de Hertzen et de Bakounine. Le gouvernement lui-même, dans l'acte d'émancipation, a subi, plus ou moins malgré lui, l'influence de la pensée révolutionnaire, et, tout en affranchissant, dans la Grande Russie, le paysan de son seigneur, il l'a laissé comme dans un demi-servage vis-à-vis du *mir* ou de la commune. Au lieu d'encourager le développement de la propriété individuelle, il a conservé, avec un soin particulier, ce qu'il a cru être un antidote contre le prolétariat : la propriété communale. N'a-t-il pas en quelque sorte baissé pavillon devant le communisme et livré à sa propagande un vaste champ d'exploitation ? Même lorsqu'ils étaient attachés à la glèbe, les cultivateurs avaient l'habitude de dire : « *Nos dos* appartiennent au seigneur, mais la terre est à nous. » Depuis qu'ils ont été déclarés libres, ils ne comprennent pas comment une lourde dette pèse sur leurs épaules pour le rachat de cette même terre. Ils murmurent, accusent la bureaucratie d'avoir mal interprété la volonté du tsar; ils ne manqueront pas, un jour ou l'autre, de saisir l'occasion de répudier un engagement qu'ils n'ont pas été invités à sceller de leur approbation.

Au moment même où paraissait l'oukaze libérateur d'Alexandre II, dix mille paysans, à l'appel de l'un des leurs, Antoine Pétrof, se soulevèrent dans la province de Kazan, en prenant pour mot d'ordre : *Terre et Liberté*. L'insurrection fut réprimée par l'exécution de son chef et d'une centaine de ses complices. N'est-il pas à craindre qu'elle se renouvelle à l'improviste beaucoup plus formidable ?

La censure fut adoucie à l'avènement de l'Empereur actuel. Les utopies les plus hardies, y compris « l'amour libre, » trouvèrent des interprètes dans la littérature. Parmi les romans socialistes dans le genre d'Eugène Sue, on remarque : *Que faire ?* par Tchernichewski, auquel ses aspirations phalanstériennes valurent d'être jugé comme conspirateur et condamné à quinze ans de travaux forcés en Sibérie.

Faire des martyrs a toujours été le meilleur moyen de propager les idées qu'on prétend étouffer. Etudier les véritables besoins du pays et leur donner une prompte satisfaction, voilà ce que commande aux gouvernements et aux classes privilégiées une politique sage et prévoyante, — celle que l'Angleterre pratique avec tant de succès. — Par des évolutions opportunes s'évitent les révolutions. Alexandre II l'avait bien compris quand il disait : « Mieux vaut que les réformes arrivent d'en haut que d'en bas! » Dans cette voie d'amélioration et de progrès, il marcha sept ans d'un pas ferme et résolu.

Commencement de règne digne d'éloges ! La justice écrite et à huis clos fut remplacée par une justice admettant des débats publics et contradictoires, ainsi que le jury dans les procès criminels. L'ordre des avocats, pour lequel Nicolas avait une aversion profonde, le considérant comme une pépinière de tribuns politiques, surgit en Russie pour la première fois. On interdit l'application des peines corporelles dans l'armée et à la suite des condamnations criminelles. Seules, les communes villageoises qui, pour leur police propre, préférèrent la fustigation à l'amende ou à la prison, conservèrent le châtiment patriarcal avec un certain adoucissement.

Il y eut un acheminement vers le *self-government*. Des électeurs primaires, composés de propriétaires fonciers ou nobles, de bourgeois des villes et de paysans, furent appelés à nommer des *conseils de districts* (ouiezdnoe zemstvo). Ceux-ci, à leur tour, par un suffrage au deuxième degré, désignèrent les membres des *conseils des provinces* (goubernskoe zemstvo). D'un autre tour de scrutin pouvait sortir une *douma* ou assemblée nationale, offrant par une triple épuration toutes les garanties possibles aux principes conservateurs prudemment progressifs.

Alexandre II voulait aller jusque-là, sans doute ; mais il fut arrêté dans ses généreuses intentions par un entourage qui, s'il avait perdu les bénéfices du « Krepostnoe vladenie » ou du servage, tenait à se réserver les avantages d'une administration restée, quoique améliorée en certains détails, toujours despotique et arbitraire. Une *douma* aurait mis fin, sinon à l'existence, au moins à l'activité dévorante et malsaine de la *Troisième section*. Or, cette monstrueuse institution policière, paralysant la légalité, s'y substituant à son aise, était, aux yeux de la camarilla, le palladium du régime de « bon plaisir », indispensable à ceux qui en vivent.

L'empereur était également bien inspiré, lorsqu'il voulut rendre son autonomie au royaume de Pologne, d'après le plan du marquis de Wielopolski, qui rattachait le pays à la dynastie en le détachant administrativement de la Russie. Il recula devant une agitation dont on lui exagéra l'importance. Même, cédant à de funestes influences, il rentra dans les plus mauvaises voies de son prédécesseur par une répression impitoyable. Aux pendaisons sommaires et aux déportations en masse, s'ajoutèrent des contributions ruineuses, l'obligation pour les propriétaires catholiques de vendre leurs terres à des orthodoxes de la religion officielle, et la confiscation pour quelques-uns de tout leur avoir (1).

Comme son oncle Alexandre Ier, l'empereur actuellement régnant est doué d'un esprit libéral, mais il est très-impressionnable. Toutes les fois que les événements prennent une tournure différente de celle qu'il espérait, il se décourage, il doute de lui-même, il tombe dans le monologue d'Hamlet. Pilote auquel il faut une mer calme et un horizon sans nuage, il abandonne trop facilement le gouvernail dès que les flots se soulèvent et que le ciel s'assombrit, menaçant de déchaîner une tempête. S'il possédait

---

(1) La conscience du monarque protestait, nous le savons, contre ce système de spoliation générale, mais il n'eut pas la fermeté de l'empêcher, sauf dans une circonstance particulière qui nous touche de près.

Mon frère, Alexandre Branicki, sur de fausses dénonciations, fut arrêté en 1863 et interné dans la province de Saratof. On conseillait au monarque d'exiler en Sibérie et de priver de ses propriétés le prétendu conspirateur : « Je ne le ferai pas — répondit-il — ce serait commettre un acte injuste et contraire à ma manière de voir. Du vivant de mon père, j'ai fait ce que j'ai pu pour empêcher la même mesure contre Xavier Branicki.

un peu plus de résolution et de persévérance, il conduirait sans encombre le navire au port. Mais il se désintéresse de la manœuvre, il déserte son poste, il livre l'équipage et les passagers à des remplaçants plus soucieux de rester immobiles ou de revenir en arrière que d'avancer. Ces remplaçants ont été, en 1863, Mouravief, Berg, Annenkof. Aujourd'hui, en 1879, ils s'appellent Hurko, Tottleben, Loris Melikof.

Deux attentats — celui de Karakasof, en 1866, et celui de Berezowski, en 1867 — achevèrent de bouleverser les idées d'Alexandre II. Ils le dégoûtèrent des réformes et lui firent croire que son salut et le salut de ses peuples restaient attachés à cette

---

Celui-ci nous a fait beaucoup de mal, et en aurait pu faire davantage... Je ne renouvellerai pas la faute que j'ai déplorée. »

Après ces paroles, notre frère reçut un passeport d'émigration, et peu après, il obtint la permission de se faire naturaliser autrichien. Il put en même temps conserver ses possessions dans l'Empire de Russie et les transmettre à son fils, en mourant sur la terre libre de France.

Que S. M. Alexandre II, si ces lignes tombent par hasard sous ses yeux, daigne recevoir ici le témoignage de notre profonde reconnaissance.

même police secrète, dont les agissements sont la cause principale du malaise de l'empire et de l'importance qu'a prise le parti des révolutionnaires socialistes.

Si l'on entendait par *Nihilistes* tous ceux qui désirent la transformation du tsarisme en un régime moins vexatoire et plus humain, on pourrait dire que le *Nihilisme* embrasse, à peu d'exceptions près, toutes les classes éclairées. Si ce terme ne doit s'appliquer qu'à la fraction de mécontents qui a entrepris une guerre à outrance, par le fer et par le feu, contre l'autocratie, il ne comprend qu'un nombre très-restreint d'adhérents réels; mais il compense sa faiblesse numérique par l'audace, l'abnégation, le dévouement des membres des deux sexes dont se compose le groupe militant.

Organisés en sociétés secrètes, les disciples de Bakounine se recrutent dans les universités, parmi les jeunes officiers de la capitale et chez les étudiants et les étudiantes en médecine.

Ce n'est pas en vain que cinq impératrices autocrates ont tenu les rênes du gouvernement sur les bords de la Néva, de 1725 à 1796. Par elles, la femme a été relativement plus émancipée sous le despotisme qu'ailleurs sous la liberté. En comparant les lois qui protègent le sexe faible vis-à-vis du sexe fort, on est étonné de rencontrer, à l'extrémité de l'Europe, des garanties vainement réclamées jusqu'ici au centre de la civilisation. Mme Audouard, dans une de ses conférences, a pu énoncer, comme une vérité incontestable, que la femme russe, toujours maîtresse absolue de la fortune qu'elle apporte en mariage, est sortie de la minorité où le Code maintient la femme française, à laquelle il n'est pas permis, sans l'autorisation de l'époux, d'user de la moindre parcelle de son avoir (1).

Catherine II a donné une puissante impulsion à l'éducation des demoiselles. A l'empereur régnant on doit des gymnases féminins, qui ouvrent un accès aux emplois publics, principalement dans les postes et

---

(1) En constatant le fait, nous ne nous déclarons pas partisan absolu de la législation russe par rapport aux femmes, — trop souvent exposées à user de leurs droits à leur propre détriment·

les télégraphes. La Faculté de médecine de Pétersbourg admet des étudiantes, dont quelques-unes vont en Suisse conquérir le doctorat et rapportent naturellement d'une république la notion et l'amour d'un gouvernement préférable à celui de leur patrie.

Toujours et partout, la femme se jette dans les extrêmes, soit en politique, soit en religion, car chez elle le cœur prédomine sur le raisonnement. Bakounine, comme la plupart des réformateurs de nos jours, avait cherché un asile et un centre d'action aux bords du lac de Genève. Les étudiantes et les voyageuses russes venaient le trouver, recueillaient pieusement ses paroles, et, séduites par la puissance de sa personnalité, se convertissaient au socialisme révolutionnaire. Rentrant dans leur pays enflammées d'une sorte d'ardeur apostolique, elles s'attribuèrent la tâche de percer la couche épaisse de l'ignorance populaire. On vit des jeunes filles nobles et riches s'habiller en paysannes et en ouvrières de fabriques, et, sous ces déguisements, porter aux classes travailleuses l'instruction élémentaire et la doctrine résumée dans les mots : « Terre et Liberté. »

Il faut, disent les prêtresses de la foi nouvelle, « aller au peuple (*idti v narod*), » et ce qu'elles disent, elles le font avec un rare courage. Cependant, leur propagande auprès des masses n'a pas eu un succès très-sensible. Si souriante que soit pour les paysans la perspective de répudier la dette imposée pour le rachat de leur terre, ils se défient des messagères mystérieuses, en qui ils reconnaissent des filles de leurs anciens propriétaires. Ne serait-ce pas une ruse, pensent-ils, pour nous soulever et nous remettre ensuite au servage ? Et, se tenant sur leurs gardes, s'ils prennent parfois les leçons de lecture et d'écriture, ils mordent peu à la sociologie révolutionnaire.

Les infatigables institutrices du peuple réussissent mieux dans les villes, parmi les ouvriers et les domestiques, qui se prêtent volontiers à « lancer le *coq rouge* », — manière pittoresque d'appeler l'incendie, — et plus aisément encore à forcer et piller les caisses publiques. Mettre le feu aux maisons et voler l'État : ces deux crimes ne sont même pas des peccadilles, dans l'opinion du peuple de la Grande-Russie !

Pour se venger des mauvais traitements, les serfs d'autrefois avaient souvent recours au *coq rouge*. Quant à l'argent de la couronne, personne, depuis les plus hauts dignitaires jusqu'aux plus humbles tchinovniks, n'a scrupule de se l'approprier, si l'occasion s'en présente. Voilà les mœurs du pays : le tsarisme n'a jamais respecté la propriété ; il subit la loi du talion.

Durant la dernière guerre contre la Turquie, une propagande incessante a travaillé l'esprit de l'armée. Les institutrices démocratiques, en grand nombre, s'étaient transformées en ambulancières. Elles étaient, dit-on, d'admirables sœurs de charité. Au chevet des blessés, elles savaient trouver des consolations pour les mourants et soutenir le courage de ceux qui devaient survivre. A ces derniers, elles inculquaient leurs principes en distribuant des écrits imprimés à Genève où, en récompense du sang versé au dehors pour la délivrance des Bulgares, on exigeait la fin de l'oppression au dedans, — considérée avec raison comme étant plus lourde que celle des chrétiens sous le joug musulman.

Quand parut la constitution de Midhat-Pacha, des placards s'étalèrent sur les murailles de Moscou, demandant la liberté comme en Turquie. Victoire ou défaite, la fin de la guerre paraissait imposer à l'autocratie la reprise de l'œuvre réformatrice, interrompue en 1863. Tout le monde croyait que le tsarisme s'amenderait, changerait de peau, et que, d'asiatique, le gouvernement russe se ferait européen. Une assemblée votant l'impôt et contrôlant les dépenses publiques, des garanties sérieuses en faveur de la liberté individuelle contre l'arbitraire, la tolérance complète en matière de religion : sur ces bases se fût aisément « octroyée » une constitution peu différente de celle de la Prusse avant 1848. Cela eût satisfait l'opinion publique et, sinon désarmé, au moins prévenu pour longtemps l'explosion révolutionnaire, et paralysé tout de suite les complots.

Loin de penser à pareille chose et parodiant en quelque sorte la célèbre réponse : *Sint ut sunt aut non sint,* le tsarisme se montra plus obstiné que jamais à ne céder sur aucun point. A des revendications aussi justes que modérées, il opposa les agissements de sa police inquisitoriale et tyrannique. En présence des abus énormes que la guerre d'Orient avait révélés dans toutes les branches de l'administration, il persista dans son infatuation réactionnaire. Il sembla se décerner une apothéose en faisant revivre la théorie de cour, que professait le comte Benkendorf : « Le passé de la Russie (lisez tsarisme) a été admirable ; le présent est plus que magnifique et l'avenir surpassera tout ce que l'imagination humaine peut concevoir ».

A cette auto-idolâtrie les iconoclastes répondent par la bouche de Bakounine : «Tout est pourri en Russie. Tsarisme énervé par l'arbitraire; noblesse dissolue et servile; clergé ivrogne et rapace ; *tchine* composé de voleurs et de bandits; donc pas de réformes, mais un coup de balai général ! »

Voilà dans quels sentiments a commencé le combat entre le despotisme intransigeant et le socialisme radical :

Fol aveuglement d'un côté, — fanatisme furibond de l'autre.

Une femme s'érigeant en vengeresse de la dignité humaine, outragée dans la personne d'un détenu, a donné le signal de cette série de meurtres qui menace de se perpétuer. Son acquittement, salué des applaudissements d'un auditoire aristocratique (auquel se trouvait mêlé le prince Gortchakof), dénote dans la société russe une singulière aberration sur les devoirs de la justice. Encore la conséquence d'une éducation nationale faussée par d'innombrables condamnations iniques et arbitraires. A l'autorité qui frappe à tort et à travers le jury réplique en voyant des innocents partout !

La facilité avec laquelle l'assassin de Mezentsof a pu disparaître et se dérober aux recherches de la police, constate un autre symptôme redoutable pour le gouvernement: une apathie complète à son égard dans les masses et une vraie sympathie pour ses adversaires.

L'état de siége — mesure superflue parce que, depuis les Tatars, la Russie vit dans un état de siége perpétuel, — n'atteindra pas son but.

Qu'est-ce que le parti nihiliste en réalité? Une avant-garde aventureuse, prête à se sacrifier et à se renouveler sans cesse tant que le tsarisme ne se sera pas départi de ses monstrueux abus.

La question ainsi posée — et si on réfléchit on ne saurait la poser autrement — il n'y a que deux alternatives :

Ou l'autocratie se changera en un régime civilisé, répudiera toute barbarie asiatique et se mettra au diapason de l'Occident de l'Europe ;

Ou, comme un extrême en provoque un autre, la Russie donnera le spectacle d'une épouvantable anarchie, suivie probablement d'une dictature démagogique.

Évolution ou révolution, il n'existe pas

d'autre alternative. La première alternative est, certes, préférable à la seconde.

En tous cas, la crise passée, la nationalité russe se trouvera vivace et forte.

Alors, *sera-t-elle catholique,* comme vous l'espérez, mon révérend père ? Certainement la foi autoritaire de Rome y gagnera beaucoup d'adeptes; mais la foi philosophique, celle des Socinus, des Channing, des Coquerel, aura également un vaste champ ouvert à sa propagande. Elle est déjà en germe parmi les douze millions de sectaires que nous révèle la statistique. Elle est destinée à réconcilier la foi avec la science; et voilà pourquoi ses adeptes se multiplieront prochainement avec rapidité.

Dans le domaine religieux — malgré la diversité persistante des cultes — la tolérance mutuelle, née d'une liberté de conscience absolue, établira la concorde et la paix.

Dans le domaine politique, la fédération européenne, à laquelle la Russie aura cessé de faire obstacle, fondera l'unité de la civilisation par l'autonomie des nationalités.

Sur cette pensée pleine d'espérances radieuses, permettez-moi, mon révérend père, de reposer mon esprit et de clore, pour le moment, cette longue causerie épistolaire.

TABLE DES MATIÈRES

LETTRE PRÉLIMINAIRE

PAGES

Société des Seize. — Ce que sont devenus ses membres. — Jugement de Nicolas sur mon compte. — Ma démission du service russe. — Bibikof. — Mon exode de Russie. — La Révolution de 48. — Ordre de rentrer. — Ma réponse. — Jugement et condamnation. — Aggravation de peine. — Espérances et déceptions. — Ma naturalisation en France. — *La Russie sera-t-elle catholique ?* — Ma réponse ne vise qu'à être une causerie........................ 1

LA SLAVIE PRIMITIVE

I. — DISTRIBUTION GÉOGRAPHIQUE DES SLAVES.

La question russe et la question polonaise inséparables. — Fraternité de la race slave avec les races germanique et latine. — Origine du nom « Scythe. » — Espace occupé par les Slaves dans l'antiquité. — Les vends ou vénètes. — La Pannonie. — Couronne de saint Etienne. — Samo et Lubusa. — La grande Moravie. — Conversion des Bulgares au christianisme. — *Boga Rodzico.* — Hypothèse de Szaynocha. — Origines russes d'après Nestor. — Lettes et Finnois. — Comment s'est formée la Grande Russie. — Mélange slavo-touranien. — Novgorod. — Appel fait aux Scandinaves........................... 19

II. — ÉTAT SOCIAL DES ANCIENS SLAVES.

Apparition des Slaves en Europe. — Langue commune perdue. — Classement des dialectes. — Une assertion de Hegel. — Deux écritures. — Cinq nationalités distinctes. — Portrait des Slaves, par Procope. — Mythologie. — Société patriarcale. — Respect de la femme. — La Commune ou « le Mir. » — Les Gorodichtché. — Amour de l'agriculture. — Traite des Slaves. — Conclusion à tirer de cette étude... 45

LA RUSSIE NAISSANTE

I. — LA RUTHÉNIE NORMANDE.

Caractère épique des Scandinaves. — Etymologie du nom *Varègue.* — Askold et Dir. — Oleg. — Igor. — Sviatoslaf. — Lettre à sa mère. — Vladimir. — Conversion au christianisme byzantin. — Iaroslaf le Grand. — Sa cour et ses alliances royales. — *Rouskaïa Pravda.* — Le jury. — Le droit héréditaire dans la famille de Rurik. — Vladimir Monomaque. — Instruction à ses fils. — Kiew, son passé et son avenir.— Trait d'union entre les Russes et les Polonais................................. 75

II. — LA RUSSIE TATARE.

La Sousdalie. — De Scandinave la maison de Rurik devient finno-slave.— Couche épaisse de Touraniens.

— Les Provinces baltiques. — Leur germanisme. — Alexandre Nevski. — Invasion des Tatars. — Défaite des princes russes. — Causes du désastre. — La cour de Baty décrite par le père Carpini. — Influence des Tatars sur le gouvernement, le caractère, les mœurs et la langue des vaincus.................................. 95

LA POLOGNE DES PIAST

La Rome polonaise. — Boleslas le Brave. — Querelle avec la Kiovie. — Couronnement. — Un Spartacus polonais. — Légende mensongère de Kazimir le Régénérateur. — Boleslas le Hardi et Stanislas de Szczepanow.— Lutte du pouvoir spirituel et du pouvoir séculier. — Sieciech, voïevode de Cracovie, calomnié par l'histoire. — Boleslas Bouche Torse. — Son prétendu pèlerinage en Terre Sainte. — Il divise sa succession en quatre. — Kazimir le Juste. — Chassé-croisé de rois. — Les chevaliers teutoniques, Origine de la Prusse. — Boleslas le Pudibond. — Invasion des Mogols. — Leszek le Noir. — Wladyslas Lokietek ou le Nain ; grand guerrier et grand politique. — Sa recommandation à son fils.— Origine du système représentatif. — Les libertés municipales 113

KAZIMIR LE GRAND

Le dernier et le meilleur des Piast.— Sa politique prudente envers la Bohême et les chevaliers teutoniques. — Conquête de la Russie Rouge et de la Volynie. —Echec en Moldavie. — Réception de l'empereur d'Allemagne à Krakovie.— Protection accordée aux Juifs. — Tolérance religieuse. — Compassion pour les paysans. — Assemblée de Wislitsa. — Sobriquet injurieux devenu un titre de gloire. — Pleurs du peuple sur une tombe royale.................... 151

LA RÉFORME EN POLOGNE

I. — LE PROGRÈS VERS L'UNITARISME.

Le Darwinisme. — Universalité de l'idée de Dieu. — Les trois Filles de la Bible. — Esprit de tolérance dans la Vieille-Pologne. — Union manquée avec la Bohême. — Witold. — Echange de lettres avec le pape Martin V. — Le Hussitisme. — Spitek Melsztynski. — Remontrances du pape Paul IV à Sigismond-Auguste. — Les cinq vœux du roi au concile de Trente. — Le calvinisme des Radziwill. — Zamoyski le Grand. — Orzechowski. — Sa lettre à Jules III. — Habileté du légat Commendoni. — Lœlius et Faustin Socinus. — L'éducation unitaire. — Splendeur de Rakow. — Bannissement des Sociniens. — Un *liberum veto* stérile. — Guerre à la littérature unitaire. — Rôle des Unitaires en Amérique.. 173

II. — RÉACTION ULTRAMONTAINE.

Moment critique pour le catholicisme. — Projet d'un troisième mariage pour Sigismond-Auguste. — Situation comparable à celle de l'Angleterre sous Henri VIII. — Hosius, chef de la réaction ultramontaine. — Sa carrière brillante. — Sa polémique incisive. — Ses idées d'intolérance. — Larmes des dames polonaises sur la Saint-Barthélemy. — Caractère acerbe du seizième siècle. — Hosius à Trente et à Rome. — Introduction des Jésuites. — Les dévotes de haute volée. — Liberté religieuse promulguée par la Diète en 1573. — Apostrophe de Firley à Henri de Valois. — Esprit d'équité d'Etienne Batory. — Le père Possevino. — Portrait de Sigismond III. — Le père Skarga. — Une page de Mickiewicz. — Colloques entre jésuites et protestants. — Zamoyski redresse le roi. — Fondation des colléges de l'Ordre de Saint-Ignace. — Influence de l'Union de Brzesc sur la Réforme. — Constantin Ostrogski. — Le *Rokosz* de Zebrzydowski. — Sigismond III prend des engagements qu'il ne maintient pas. — Couronne de Moscovie offerte à son fils Wladyslas et refusée. — — Gustave-Adolphe. — Belle déclaration de Wladyslas IV.—*Colloquium charitativum.*— Jean Kazimir, persécuteur des hérétiques. — Ce qu'on peut répondre au livre : *Les Jésuites ont-ils perdu la Pologne ?* — Auto-da-fé de Lyszczynski. — Auguste II de Saxe. — Expulsion de la Diète d'un dernier député protestant. — Exécution à Thorn de la municipalité. — Griefs des dissidents exposés au roi Stanislas Poniatowski. — Ecole protestante de Kieydany supprimée sous Alexandre Ier.......... 214

DEUX EMPEREURS

I. — PAUL Ier.

L'autopsie psychologique de Suétone est la meilleure méthode pour l'histoire des tsars. — Jeunesse de Paul. — Haï par sa mère. — Ressemblance avec Pierre III. — Révélation de Catherine II sur sa naissance. — Solitude et voyages. — Avènement au trône. — Visite à Kosciuszko. — Projet de reconstituer la Pologne. — Les femmes exclues du trône. — Enterrement curieux de Pierre III. — Soldatomanie. — Amour des tricornes et caprice pour les harnais allemands. — Étiquette imposée aux voitures. — Obligation pour les émigrés français d'aller à la messe. — Louis XVIII et Souvorof tour à tour en faveur et en disgrâce. — Passion soudaine pour Bonaparte. — *A nous deux le monde !* — Plan d'une invasion de l'Inde. — Mort tragique dont se réjouit l'Angleterre. — Légèreté ou mauvaise foi chez M. Thiers. — Ce que devinrent les régicides. — Maniaque, mais non tyran........................ 273

II. — ALEXANDRE Ier.

Contrastes entre les deux périodes du même règne. — En avant et en arrière. — Jugement de Napoléon Ier sur Alexandre Ier. — On ne se connaît pas soi-même. — Débordements d'une piété mystique. — Maxime de tolérance. — Le bannissement des Jésuites provoqué par un dépit amoureux. — Beauté physique du successeur de Paul. — Malheureux en mariage. — Une Diane de Poitiers. — Raffinements de toilette. — Douleur paternelle. — Profonde mélancolie. — Névrose. — Superstitieux comme un César romain. — Discours incohérents. — Mort naturelle attribuée à l'empoisonnement. — Bon mot de Talleyrand. — La liaison avec madame de Krudener a-t-elle été platonique ?.................. 304

SOUVENIRS DE MES JEUNES ANNÉES

I. — RÉCITS DU COMTE DE WITT.

Le comte de Witt. — Sa carrière militaire. — Mes conversations avec lui. — Il veut faire mon éducation politique et galante. — Comment il informa l'empereur du complot de Pestel.— Intentions clémentes d'Alexandre Ier à l'égard des conspirateurs. — Excentricité de Lounine.— Grands projets du souverain mourant.—La tasse de thé empoisonnée.—Vorontsof et Kisselef incriminés par de Witt. — Alexandre Ier mort catholique. — Ses négociations avec Rome. — Versatilité de mon narrateur, esprit aimable et badin. . . 321

II. — LE TSAREVITCH CONSTANTIN.

Vive émotion d'un enfant en 1825. — Ce qui s'était passé à l'hôtel d'Angleterre à Varsovie. — Alarmes de mes parents.— Paroles mystérieuses gravées dans ma mémoire.—L'énigme expliquée dix-sept ans plus tard. — Fureur du Tsarevitch Constantin affrontée et apaisée.................................. 344

LE NIHILISME

Nicolas a couvé les œufs du nihilisme. — Le tsarisme prend pour modèle Tchenghis-Khan et Timour-Lenk. — Ce que Pierre Ier rapporta de ses voyages et ce qu'il n'en rapporta pas. — Réforme semblable à celle de Mahmoud et Mehemet-Ali. — Comment Nicolas Ier comprenait l'éducation.— Prêcher la tempérance est un crime. — Aucune liberté religieuse. — Belles paroles du héros de Voltaire en contradiction avec ses actes.— Le règne de Nicolas comparable à celui de Néron. — Mêmes errements aujourd'hui. — Caractère barbare de Moscou. — Le servage. — La commune russe. — Hertzen s'en fait le panégyriste. — La *Cloche*. — Influence de cette publication périodique.— Bakounine.— Son stage révolutionnaire.— Sa fuite de Sibérie. — Admiration qu'il inspire. — *Pestel* ou *Pougatchef*. — L'empire-cachot.— Omnipotence de la *Troisième section*. — Tsarisme et nihilisme. — Acheminement vers le self-government brusquement suspendu. — Beaux commencements d'Alexandre II. — Il proteste contre les confiscations. — Comment se recrute le Nihilisme. — Émancipation de la femme. — *Aller au peuple*. — Le Coq rouge. — Loi du talion. — Etudiantes changées en sœurs de charité. — Perversion du sentiment de justice. — Évolution ou révolution. — La Russie sera-t-elle catholique? — L'avenir est à la liberté religieuse et à la fédération des peuples....................... 353

FIN

Paris. — Impr. polyglotte de Louis Hugonis.
19, passage Verdeau.

OUVRAGES DU MÊME AUTEUR

CHEZ DENTU :

L'IMPÔT SUR LE CAPITAL, LIBÉRATEUR DE LA CONTRIBUTION DE GUERRE, in-8°, Paris, 1871.

LIBÉRATION DE LA FRANCE PAR UN IMPÔT SUR LE CAPITAL, in-8°, Paris, 1871.

LA POLITIQUE DU PASSÉ ET LA POLITIQUE DE L'AVENIR, ESQUISSE D'UNE CONSTITUTION, in-8°, Paris, 1876.

KÔL KÔRE, par le rabbin E. Soloweyczyk, traduction polonaise, précédée d'une lettre à Mgr Czacki, in-8°, Paris, 1879.

www.ingramcontent.com/pod-product-compliance
Lightning Source LLC
Chambersburg PA
CBHW052126230426
43671CB00009B/1136